最高知「古典」に学ぶ、

成功の戦略

仕事と人生の武器になる48の発想術

江上剛

GENTOSHA
幻冬舎

最高知「古典」に学ぶ、成功の戦略

仕事と人生の武器になる48の発想術

最高知「古典」に学ぶ、成功の戦略　仕事と人生の武器になる48の発想術　目次

第1章

周囲の力を利用して勝利を引き寄せる
知らないと負ける勝負論

第4章

自分の居場所を獲得するための社内処世術

社内政治の波を乗りこなす

第5章

ピンチからいかに早く脱出するか？ 心を奮い立たせる古典の言葉

はじめに

大学生の頃、お世話になっていた作家の井伏鱒二先生（『黒い雨』『山椒魚』など）に「古典を読みなさい」と言われたことがある。井伏先生は、私が流行作家の作品ばかり読んでいるのを心配されたのだ。その時、井伏先生が挙げられた作家の名前は、ツルゲーネフ、プーシキン、トルストイ、ドストエフスキーなどのロシアの作家たちだった。

特にプーシキンを強く薦められた。その時こんなエピソードも教えて下さった。

大学生だった井伏先生はある女性をデートに誘った。井伏先生は、小脇に一冊の本を抱え彼女に会った。それはプーシキン詩集だった。彼女にその詩集を見せ、彼女がプーシキンの名前を知っていたら真剣に付き合おうと思っていた。井伏先生は思い切って彼女に詩集を差しだした。彼女は、ただ首を傾げるだけだった。井伏先生は、彼女と別れて帰り道にプーシキン詩集を投げ捨てた。青春のほろ苦い思い出だ。

余談はさておき、なぜ古典を読むのがいいのか。それは小説だろうと孔子や老子などの聖人の言葉だろうと、古典は歴史という評価に耐えてきているからだ。その瞬間、瞬間に読み捨てられるのではなく長い間、人々に読み続けられている書物、それが古典だ。

私は、大学生の時は、井伏先生のご指導にしたがってロシア文学の古典を、文字通りむさぼるように読んだ。それは今日、作家として仕事をする上での大変な糧になっていることは間違いない。

しかし社会人になってからはそうした小説よりも『論語』や『老子』『孫子』など、聖人の言葉を読んだ。

なぜ私は聖人の言葉に魅《ひ》かれるようになったのだろうか。

それらは二〇〇〇年以上も前の人間の言葉を集めた書物だ。いくら古典が歴史という評価に耐えてきたとはいっても古過ぎると思う人もいるだろう。しかしそれはとんでもない誤解だ。それらの書物には人間の原点とでも言うべき言葉が溢れており、言葉のひとつひとつが私の胸にぐいぐいと迫ってきたのだ。

私は銀行員として社会に出た。それは想像以上にストレスに満ち満ちていた。客や上司、同僚などとの人間関係、巻き込まれたトラブル、不祥事の数々、昇進昇格などなど。ありとあらゆるものが私を苛んだ。

そんな時、ふと手に取ったのが孔子の『論語』だった。ぱらぱらとページを繰《く》っていると、そこに「徳不孤　必有鄰」（176頁参照）という言葉を見つけた。思わず感動で涙が流れだしそうになった。ああ、なんていい言葉だろうか。お前はちゃんと真面目にやっているじゃないか。一人じゃない。必ず助けてくれる人がいるぞ。必ず見守ってくれている人がいるぞ。そう語りかけてくれた。

上司からどんな評価を受けているか心配で堪《たま》らなくなった時には、「人知らず　而《しか》うして慍《いか》らず」（166頁参照）という言葉が胸に突き刺さった。他人からの評価なんてどうでもいいんだ。自分は自分の役割を果たせばいい。羨んだり、他人を恨んでも意味がないことだ。そう教えてくれた。

孔子は二五〇〇年以上も前の中国の人。ひたすら人間は如何《いか》に生きるべきかということを追求してきた。世に受け入れられず、栄耀栄華にも無縁で暮らした。そんな彼の言葉が現代に生きる私の心に突き刺さり、感動させたのだ。

それ以降、私は『老子』や『孫子』など他の中国の聖人たちの書物にも手を広げた。そしてこれらの書物は、多忙を極める私たちのような人間にこそ相応《ふさわ》しい書物だと思うに至った。『論語』からは真っ当に生きろよと励まされ、『老子』からはあまり頑張り過ぎないでいいよと優しく諭され、『孫子』からは部下を生かし、勝負に勝つことを教えられた。どの教えも組織人としての私の血肉になった。

私もそうだったが、経営者やビジネスマン、ビジネスウーマンの方々は自分の時間が無いほど忙しい。じっくり腰を据えて書物を読む時間などなかなか確保することができない。そんな人こそ、聖人の言葉を編纂した、『論語』などを座右に置くべきだ。

なぜならこれらは最初の一ページから読む必要が無いからだ。自分の気持ちのおもむくままにページを繰っていると、突然、輝きだす言葉に出会う。あなたはそれを読み、その意味を考える。そうすることであなたを覆っているもやもやした迷いが晴れ、あなたは問題解決への一筋の道を見つけることができるに違いない。

本書には主として『論語』や『老子』『孫子』など中国の古典の中から組織で働く人のお役に立ちそうなものを集め、テーマごとにまとめ、僭越ながら私の勝手な解釈も加えさせていただいた。

日々の仕事の中でストレスを抱え、迷いながら道を探し求めている人にとっての一筋の光明になれば幸いである。

江上剛

第1章

知らないと負ける勝負論

周囲の力を利用して勝利を引き寄せる

戦わずして勝利を収める

戦《たたか》わずして人《ひと》の兵《へい》を屈《くつ》するは善《ぜん》の善《ぜん》なる者《もの》なり

孫子『孫子』

「三十六計逃げるに如《し》かず」という諺がある。これは、中国古来の兵法書に由来する、戦いにおいて勝利を収めるための格言である。

孫子は、この言葉を「負ける戦争をしないための方法」という形で紹介している。ここでは、負ける戦争をしないのが勝つ基本だと、しごく当たり前のことが書いてある。例えば戦争のやり方として孫子は次のように言う。

①十なれば則《すなわ》ちこれを囲み（味方が相手と比べて一〇倍なら敵を包囲する）

②五なれば則ちこれを攻め（味方が相手と比べて五倍ならば敵を攻める）

③倍なれば則ちこれを分かち（味方が相手と比べて倍であれば敵を分断する）
④敵すれば則ち能《よ》くこれと戦い（味方が敵と同数なら必死で戦う）
⑤少なければ則ち能くこれを逃れ（味方が相手と比べて少ないならなんとか退却する）
⑥若《し》かざれば則ち能くこれを避く（味方の力が及ばなければ戦わない）

最後のシメ言葉がふるっている。

故に「小敵之堅、大敵之擒也」。

これは、「少数なのに強気なのは、大敵の餌食になってしまう」という意味だ。敵より大きい兵力なら戦争してもいいが、そうでないならさっさと逃げろ、あるいはそもそも戦争なんか考えるなということである。

孫子の考え方は、なんだそんなことかと言われるほど合理的だ。だが、この当たり前に見えることが、最も難しい。なぜ人々は無謀な戦いをしてしまうのだろうか？

なぜ無謀な戦いを挑んでしまうのか？

日本軍を考えてみればいい。中国、ソ連と戦争し、太平洋ではアメリカと戦争した。物量的にも圧倒的に差があるにも拘《かか》わらず、無謀な戦争に突入し、国を滅ぼし、多くの犠牲者を出してしまった。

なぜこんなことをしてしまうのだろうか。それは情報の入手、分析の仕方、そして味方への説得に失敗するからである。

敵の戦力が味方より圧倒的に多いという事実を入手できなければ、相手を見くびって戦争に突入してしまうし、たとえ情報を入手できたとしてもそんなものは精神力でカバーできるなど間違った分析をしてしまえば、やはり戦争に突入してしまう。正しい情報入手、情報分析を行ったとしても血気に逸《はや》った兵士を抑え、退却命令を出せるリーダーがいなければ、やはり戦争に突入してしまう。

実は、戦争において退却することやそれを回避することは非常に難しいことなのだ。

逃げながら考える策略とは？

孫子は、「百戦百勝は善の善なる者に非《あら》ざるなり。戦わずして人の兵を屈するは善の善なる者なり」と言う。一〇〇回戦って一〇〇回勝っても、それは最上の策ではない。戦わずして勝つのが最上の策だと言うのだ。

日本人的じゃないと思う人もいるだろう。日本人は、玉砕覚悟で突撃し、死んでしまうところに敗者の美を感じることがあるからだ。

しかし、「死んで花実が咲くものか」という諺通り、死んでしまったら元も子も無い。捲土重来を期して、ぐっと耐えて撤退する勇気が必要なのだ。

ここで考えねばならないのは「戦わずして勝つ」方法だ。孫子の考えに沿うと、その方法というのは、策略、謀略を駆使して味方を集め、敵より大きな戦力になればいいということだ。そうなるまでは逃げまくってもいい。

ビジネスの世界でも録画機器のベータとＶＨＳ、テレビの液晶とプラズマの戦いなどがあった。技術的にどちらが優れていたかは分からない。しかし勝利したのは、味方を多く集めたＶＨＳであり液晶だった。

戦いを避けたり、逃げるのは恥ではない。味方を集め、圧倒的に有利な戦いをするために必要な策なのだ。

まとめ

- **負ける戦争はしない。**
- **戦わないで勝つのが最上の策だ。そのためには味方を集め、敵より圧倒的な兵力にならねばならない。**
- **敵より大きな兵力になるまで戦いを避けたり、逃げたりすることは恥ではない。**

上司の命令を無視してよい時

君命《くんめい》に受《う》けざる所《ところ》あり

孫子『孫子』

孫子の九変篇に「君命に受けざる所あり」という言葉がある。

戦争は、現場によっては臨機応変に対応しなければならないものであり、「通ってはならない道路もある。撃ってはならない敵軍もある。攻めてはならない城もある。争奪してはならない土地もある」と言い、最後に「君命は、受けてはならない君命もある」と続ける。「戦っている現場では君主の命令を聞くことでかえって混乱に陥ることもある」ということなのだ。

大ヒット映画「踊る大捜査線」において青島俊作巡査が捜査本部の幹部たちに「事件は現

場で起きてるんだ！」と叫ぶシーンがあるが、まさにあのような場面だ。

この例で思い出されるのは、東京電力福島第一原発事故の際、所長の吉田昌郎氏（故人）が、東京本社の注水中止命令に反して原子炉に注水を続けたことだろう。そのおかげで原子炉の爆発を防ぐことができたということになっているが、あの吉田氏の判断も「君命に受けざる所あり」だろう。

孫子は、上司の命令があまりにも馬鹿げていたら現場の判断で無視してよいと言っている。孫子のお墨付きがあるのだから、馬鹿な命令は大いに無視しようではないか。

日本は現場が強いと言われている。確かに総会屋事件で経営陣が逮捕されるなど混乱を極めた第一勧業銀行もそうだった。この時、経営陣からまともな指示は現場になされなかったが、現場は混乱なく日常業務を果たしていた。

では、どういう時に上司の言うことを聞かなくてもよいのだろうか。

上司の言うことを聞かなくてもよい場合

孫子は謀攻篇で君子が現場に口出ししない方がいい場合を三つ挙げている。

①君子が進軍してはいけないことを知らず進めと命令したり、退却してはいけないことを知らず退却せよと命令する場合。

②君子が軍政を知らないのに軍政に口を出した場合。そうすると、兵士たちを混乱させる。

③君子が指揮系統を無視して軍令を発した場合。そうすると、兵士たちに不信感を抱かせる。

このようなことをしたら「軍を乱して勝を引く」、すなわち、軍隊を乱して自ら勝利を失ってしまうと警告している。現場のことをよく知らないトップは、現場のことは現場の指揮官に任せなさいということなのだろう。

トップのやるべきことは、現場の指揮官と密接にコミュニケーションを図り、よい関係を築き、大局観を持つことなのだ。孫子も君主と将軍の関係がよければ国は強いが、隙間風が吹くような関係なら必ず国は滅びると言っている。

現場が受けられないような命令を発するトップには困りものだが、そうならないためにはどうしたらいいのか？

優良会社の経営者が行っていること

ＪＡＬの大西賢会長に再建に至る過程の話を伺った際、「とにかく現場に足を運んだ」と言った。彼は元々整備畑出身で現場のことを熟知していたが、現場に自ら足を運ぶことで現場との距離が近くなり、彼の考えも直接現場に浸透していった。

世間で優良と言われる会社の経営者は誰もが現場に足を運ぶ。その際、彼らが気をつけなければならないのは現場の素の姿を見ることだ。お化粧された姿を見たのではかえって間違いを起こしてしまう。経営が悪化し、今では他社に吸収されてしまった大手流通グループの創業者が現場に行くと、赤絨毯が敷き詰められていたと表現されるほどお化粧が施され、実態が見えなくなっていたという。これでは本末転倒だ。

トップはトップとしての見識を磨き、現場と円滑な関係を築き、現場は現場で職務を忠実に果たす。こういう関係が素晴らしい。

まとめ

- **トップの命令には受けてはいけないものもある。その時は現場の判断を優先しよう。**
- **トップは、現場とのコミュニケーションの円滑化を図り、現場に混乱を起こさせないように努めねばならない。**

会社が勝利するための五条件

兵《へい》とは国《くに》の大事《だいじ》

孫子『孫子』

孫子は、「兵とは国の大事」と言い、続けて「死生の地、存亡の道なり」と述べている。「戦争というのは国家の重大事であり、国民の生死、国家の存亡がかかっている」という意味だ。孫子は、勝つには「道・天・地・将・法」の五条件が大事だという。

第一の「道」とは、君主と人民を一体にさせるもの。

第二の「天」とは、昼夜季節など時間的条件。

第三の「地」とは、地形、行程等地理的条件。

第四の「将」とは、才智や仁慈などの将軍の人材。

第五の「法」とは、軍隊編制や軍規等の軍制に関すること。

孫子は、この五条件を「知る者は勝ち、知らざる者は勝たず」と言っているから、勝利の必須条件と言えるだろう。

知らないと負ける、勝利の条件

これを会社に当てはめて考えてみよう。会社だってライバルとの戦いに敗れれば、経営が傾いてしまう。最悪の場合、吸収合併や倒産の憂き目に遭ったり、社員はクビになったりすることもある。まさに「兵とは会社の大事」なのだ。あなたの会社は孫子の勝利の五条件を備えているだろうか。

まず「道」だが、これを会社に当てはめると、「企業理念」を指す。会社の経営が上手く行くようにするためには、経営者と社員が同じ理想に向かって行動しなければならない。JALの再建をリードした稲盛和夫氏は、再建の際にJALの社員に向かって「ベクトルを同じにしよう」と呼びかけた。再建のために、みんなの力を同じ方向に合わせようということだ。企業理念、ミッションが根付いていない会社は、社員がばらばらになってしまい、優良企業になれない。

次の「天」とは経営環境のことである。具体的には、好景気、不景気、マーケット動向など、会社経営を取り巻く外的環境を指す。これは自分の力ではコントロールできないが、常に外的環境を観察し、それに合わせた経営をしているかどうかが重要になる。

「地」は、会社の置かれたマーケットの状況、あるいは業界での地位を意味している。マーケットは成熟しているのか？　成長中なのか？　自分の会社は業界内では、ナンバー1なのか最下位なのか。特に成熟したマーケットか成長中のマーケットかによって、戦略は大きく異なる。ここは自分たちのリサーチや努力次第で大きく飛躍する可能性がある。

「将」とは幹部社員の能力だ。どんな幹部を揃えているだろうか。できるだけ多様な能力を持っている方がいいが、これはトップの能力が試されるところだ。

最後の「法」は、コンプライアンスだ。会社は法令を守らなければならない。もっと言えば法律を守っただけではダメだ。世間の常識を逸脱してはならない。

パナソニックのミッション経営

一つの例を挙げよう。パナソニックがファンヒーターで死亡事故を起こした。とても評判がよく人気の商品で、壁に穴を開け、ホースを通して空気を循環させるものだった。事故は、据え付け工事業者のミスで、ファンヒーターには問題がなかった。しかしパナソニックは、ヒーターの製造を中止するばかりか、最後の一台まで徹底的に回収する作業に乗り出した。

テレビで注意を促すのは勿論、社員は毎日毎日、全国のガソリンスタンドでビラをまき、灯油を買いに来る人だけでなく、一軒一軒の家にビラをポスティングしていった。その作業は長く続けられた。このような誠実な態度の結果、パナソニックの評価は上がった。

まず「道」だ。パナソニックでは、創業者松下幸之助の「松下電器は国民を幸福にする」というミッションを掲げ、理念の下に社長、社員が一体となり、働いている。「将」では、社長の「一台のこらず回収する」という方針の下、社員たちが全力を挙げて行った。「法」については、法律上はパナソニックに責任があるかどうか分からない。しかし、自社製品が人を傷つけたという法的責任以上の責任を痛感し、ヒーターの製造を中止した。「天」と「地」についても、こうした誠実な企業姿勢を続ければ、業界での地位が一時的に低下したとしてもパナソニックは苦境を乗り切るだろう。こう考えると孫子が「道」を第一に挙げる理由が見えてくる。経営者と社員が一緒になって力を合わせるというミッション、理念を掲げる経営が最も強いと言えるのではないだろうか。パナソニックは、サムスンなど韓国メーカーに押され、苦しい経営を強いられている。しかし、創業者松下幸之助のミッションを掲げている限り、復活はそれほど遠くはないに違いない。

まとめ

- **勝つには経営者と社員が一体になる「道」が重要。それをミッション経営と言う。**

「他社を出し抜く経営戦略」

兵《へい》は詐《さ》を以《もっ》て立《た》ち、利《り》を以《もっ》て動《うご》き、分合《ぶんごう》を以《もっ》て変《へん》を為《な》す者《もの》なり

孫子『孫子』

孫子は「兵は詭道《きどう》なり」、すなわち、戦いは騙し合いだと断言している。騙し合いとは謀略戦のことであり、これに勝つことで、力によって戦わずして勝利が得られるという思想だ。『孫子』の軍争篇においても「兵は詐を以て立ち、利を以て動き、分合を以て変を為す者なり」と再び「詐」、すなわち騙すことを強調する。

これは、「戦いは敵を欺き、有利な状況で動き、兵力を分散させたり集中させたり機動的に動かさねばならない」ということを意味している。

この後には、武田信玄が掲げたことで有名な「風林火山」の言葉、「疾《はや》きことは風の如《ごと》く、其の徐《しず》かなることは林の如く、侵掠《しんりゃく》することは火の如く、動かざることは山の如く」が続く。この他にも臨機応変、変幻自在の策の例として「知り難きことは陰の如く、動くことは雷が震うが如く」などがある。

「風林火山」の経営

孫子が「兵は詭道なり」と言ったからといって、経営者が「企業経営は騙し合いだ」と宣言したら、顰蹙《ひんしゅく》を買うに違いない。

孫子の考えを企業経営に置き換えれば、「充分な作戦を立てろ」ということだ。「兵は詐を以て立ち」は、ライバル企業の後追いではなく、独自性のあるマーケティング、製品プロデュースを実行すること。「利を以て動き」は、自社に有利な経営環境かどうか、あるいはそのマーケットが自社に有利かどうかを検討し、ビジネスジャッジメントを行うこと。「分合を以て変を為す」はヒト、モノ、カネの資源を臨機応変に分散、集中投資すること、また提携、合併などM＆Aを大胆に行うことではないだろうか。

このように見ると、孫子は企業経営の要諦を見事にとらえていると言えるだろう。

トヨタと日産

この言葉をトヨタと日産という大手自動車会社で考えてみよう。

「兵は詐を以て立ち」については、トヨタは、独自のハイブリッドカーを作り上げ、エコカーという新しいマーケットを開拓した。それに対して日産は電気自動車で勝負する。お互い物真似はせず独自性を発揮している。

「利を以て動き」に関して言うと、日産は中国マーケットに深く入り込み、日系自動車メーカーではトヨタに先んじた。国内や欧米で活躍するトヨタに中国市場では先んじようと考えたのだろう。

「分合を以て変を為す」については、トヨタでは、小型車のダイハツ、トラックの日野自動車、4WDの富士重工業（スバル）などを傘下に収め、市場の変化に対応している。日産は、ルノーと提携することで生き残りを図った。

トヨタと日産はお互いにライバルであり、「兵は詐を以て立ち、利を以て動き、分合を以て変を為す者なり」の戦略を地で行っている。

また、「風林火山」の思想を、実際の経営に当てはめてみると、次のようになるだろう。

意思決定を「風」のように早く行い、計画を静かにじっくりと考えるのは「林」のようであり、一旦動き出したら「火」のように一気呵成にマーケットを攻め、耐える時期だと判断すれば「山」のように動かない。

こうした経営を両社とも行っているのだろう。戦略思想に長けた会社だからこそ、グローバル競争を勝ち抜いているのだ。

まとめ

- **「兵は詐を以て立ち、利を以て動き、分合を以て変を為す者なり」とは独自性、マーケティング力、投資判断、的確なM&A等を意味していると考えよう。**

〝勢い〟を味方につけられるか

激《げき》水《すい》の疾《はや》くして
孫子『孫子』

孫子は、戦いに勝つには「勢い」が重要で、それを味方にしなければならないと言う。

「激水の疾くして石を漂《ただよわ》すに至る者は勢なり」。これは、堰《せき》から解き放たれた水が、激しい流れになって石を押し流してしまうのは、勢いがあるからだということを意味している。

勝利には激水の勢いが必要なのだ。

また、孫子は「勢に求めて人に責《もと》めず」とも言っている。

勝利は、集団の「勢」の中にあって「人」、すなわち個々人の能力、働きに余り過度な期待をしないということだ。

「勢い」を重視する戦いとは、どのようなものか。孫子の言い方は、面白く、「木石を転ずるが如し」と言う。

木や石は、平坦なところに置けば、静かでそのままじっとしているが、傾斜地では動き出し、方形であれば動かないが、丸形であれば動き出すという性質を持っている。だから巧みに兵を戦わせ、勢いに乗ると、それは丸い石を千尋の谷底に転がすようなものであり、これを戦いの勢いと言っている。

「2：6：2」の人材法則

孫子の「勢い」重視の戦いは、企業経営にも通用する。

会社の幹部は、「うちにはロクな人材がいない」と愚痴をこぼす。そんな幹部に限って東大生が就職面接に来たりすると、その学歴だけを見て、顔をほころばせ「うちにもいよいよ東大が来たか」などと喜んだりする。

企業の人材には「2：6：2」の法則があると言われている。人材の二割が本気で働いており、六割は普通、二割は全く使い物にならないというものだ。

会社では人材のたった二割が収益のほとんどを稼いでいるというのは、ホントなのだろうか。

「うちの支店で使えるのはあいつとあいつだけ。後は無能ですよ」

これは私が支店長として引き継ぎを受けた際の前任支店長の言った言葉だ。

前任支店長は、業績を上げるため、ほんの数人の部下を重用し、他の部下は、無視し、切り捨てていた。

きっと前任支店長にとっては、部下たちがじっと動かない、役立たずの「木石」だらけに見えていたのだろう。

さてこの前任支店長は業績を上げたのだろうか。数人だけを重用するマネージメントは上手く行ったのだろうか。

実は、全くダメだった。重用された数人はうぬぼれるばかりで能力が向上しないし、他は無視されているから当然、働かないからだ。これでは絶対に業績は上がらない。

優秀な部下ばかり集めたら、戦いに勝てると思うのは大間違い。優秀な部下の中に序列ができて、優秀な部下の中で有能と無能に分かれてしまうからだ。それよりは個々の「木石」の特性を見極め、それらの能力をほんの少し引き上げ、チームワークを高める方がいい。

パーフェクトな能力を求めるな

私は、前任支店長が「木石」と認定していた部下たちと一緒に取引先を訪問し、一緒に営業活動を行った。そして、彼らを実地で教育し、小さな成果を上げさせることで自信をつけさせた。

部下にパーフェクトな能力を求めてはいけない。そんなものはリーダーであるあなたにもないのだから。部下に必要なのは小さな成果から得られる自信の積み重ねだ。

「木石」の部下たちは、徐々に自信をつけると、自分で転がり始めた。それは大きな「勢い」になって「激水」になった。今まで有能だと褒められ、うぬぼれていた者たちも「木石」に刺激され、動き出した。こうなるともう止まらない。おかげで私は支店長として大きな業績を上げることができた。私は、彼らが自分で転がるように背中を少し押しただけなのだ。

日本人は「勢い」、すなわちチームワークで業績を上げる民族だ。そのためには人材に完璧を求めず、彼らの特性を少し引き出し、その特性に応じた役割を与えねばならない。それがリーダーの仕事だ。

まとめ

- **チームワークで業績を上げるには、数人の優秀なメンバーに期待をかけるより、個々のメンバーの特性を引き出し、自信をつけさせることだ。**

相手の隙を衝く

其《そ》の虚《きょ》を衝《つ》けばなり
孫子『孫子』

ライバルと対峙した時、どこを攻めればよいだろうか。

「進みて禦《ふせ》ぐべからざる者は、其の虚を衝けばなり」と孫子は言う。

敵が我々の進軍を防ぐことができないのは、虚、すなわち隙を衝かれるから、ということだ。敵が油断しているところ、敵の守りが手薄なところを攻めれば勝利を手にすることができる。

また孫子は、「その趨《おもむ》かざる所に出で、その意《おも》わざる所に趨く」とも言う。敵が救援できないところを急襲し、敵が思いもよらないところを急襲すれば勝てるということで、当たり前だが、まさにその通りである。敵の油断や不意を衝くこと、敵が救援を送れないところ、予想だにしていないところを急襲すること、これが勝利の鉄則であることは容易に理解できる。

しかし、日本の企業経営者たちは、そのように「虚を衝」き、「その趨かざる所に出で、その意わざる所に趨く」ことをしているだろうか。

日本の虚を衝くサムスンの戦略

韓国のサムスンやLGなど電機メーカーの躍進が著しい。日本の電機メーカーがこぞってリストラや赤字に苦しんでいる中で、世界企業へと成長している。

以前、私がサムスンを取材した時、ある経営幹部が次のように言った。

「私たちは日本企業が行かないところに行きます」

日本企業はかつてアフリカだろうが、南米だろうが、欧米企業の行かないところに足を運び、製品を売った。池田首相が、トランジスタのセールスマンと揶揄《やゆ》された時代のことだ。これは欧米企業の「虚」を衝いたマーケティングだと言える。

これと同じことを韓国企業は行った。韓国企業は、成長した日本企業が驕り高ぶり、過酷なマーケットを嫌うようになった「虚」を衝き、インドやアフリカや南米市場に進出し、それらのマーケットを席巻したのだ。

韓国企業が成功した今、今度は日本企業が彼らの「虚」を衝く時だ。いつまでも韓国企業が勝ち組ではない。日本企業が勝ち組になるためには彼らの手薄なマーケットを攻めねばならない。

「サントリーのハイボール」の開拓精神

サントリーの原点は、ウイスキーだ。ところが近年、ウイスキーの売り上げは減少の一途だった。理由は若い人を中心にアルコール離れが進んだからである。私たちの若い頃は、レッド、ホワイト、オールドなどサントリーのウイスキーブランドはものすごく身近な存在だった。

なんとかウイスキーを若者に飲んでもらいたいと思ったサントリーの社員はハイボールという飲み方を提案する。ハイボール開発の関係者が次のように言った。

「ウイスキーは二次会の酒なんです。最近の人たちは、あまり二次会に行かなくなったので消費量が減りました。そこでどうにかして一次会で飲んでもらえないかと考えた結果、チューハイなどが若者に人気なので、ソーダで割るハイボールの復活を考えたのです。それもジョッキでビールのように飲んでもらう。ビールを飲むより安いですから気楽に飲んでもらえます。最初、ウイスキーの製造現場からは反対されました。丹誠込めて造ったウイスキーをジョッキでガブガブと飲まれるのに抵抗があったからです」

実際、市場に出たサントリーの角ハイボールは、消費者に新しい酒として定着し、日本のウイスキー市場を拡大させた。サントリーの角ハイボールは二〇〇九年に誕生したが、一九八三年以来下降し続けていたウイスキー市場は、二〇〇九年に一一〇%の増加となった。サントリーの角ハイボールがウイスキー市場全体をけん引したのだ。

サントリーは「虚」を衝いたマーケティングに成功したと言えるだろう。ダメだと諦めずに新しいマーケットを開拓するフロンティア精神こそ「虚」を衝くことに他ならない。成功すれば金城湯池だ。

まとめ

- **企業経営は「虚」を衝かねばならない。「虚」を衝くとは諦めず新しいマーケットを開拓することだ。**

敗北の主な原因

将《しょう》の過《あやま》ちなり
孫子『孫子』

同僚に負ける、ライバル会社に負ける。私たちは日々勝負の世界で戦い、心身ともにすり減らしながら働いている。ここでは勝負には付き物の「負けること」について考えたいと思う。

孫子は敗北は「将の過ちなり」と言う。どんな過ちなのかというと、具体的には、①走る者、②弛《ゆる》む者、③陥る者、④崩るる者、⑤乱るる者、⑥北《に》ぐる者の六つだと言う。

詳しく説明すると、

①の「走る者」とは、敵、味方の勢力が拮抗しているにも拘わらず一の勢力で一〇の敵を

攻撃しろと命じられたら味方は逃げ出す。
②の「弛む者」とは、兵士が強くて軍幹部が弱い時は規律が緩む。
③の「陥る者」とは、軍幹部が強くて兵士が弱い時は、萎縮させてしまう。
④の「崩るる者」とは、軍幹部が将軍の命令に服さず、自分勝手な戦いをし、将軍が彼の能力を認めていない時は、軍が崩れる。
⑤の「乱るる者」とは、将軍が軟弱で厳しさがなく、命令もはっきりしない時、軍は乱れる。
⑥の「北ぐる者」とは、将軍が敵情を把握せず、劣勢で多勢の敵と戦わせる時、負けて逃げる。
ということだ。

この「将の過ちなり」を会社に適用してみたら、もっと実感が湧くだろう。

「走」のケースとはどんなものか。例えば日本企業は、「小さく産んで大きく育てる」ということをよくやる。戦力の逐次投入ということだ。これは愚策中の愚策と言われる。予算や人員が少ない方が企画案が通りやすいので本当は一〇必要なのだが、一で始めようとする。これでは成果は上がらず結局失敗することになる。一の勢力では戦えないのは明らかで部下たちが尻尾を巻いて逃げ出すからだ。

「弛」や「陥」のケースはさらに分かりやすい。部下が強過ぎてリーダーが使いこなせなくても、リーダーが強過ぎて部下が萎縮してしまっている場合も戦いに勝てない。トップは、各チームのリーダーと部下との関係によく目を光らせ、彼らのチームワークの円滑化を図らねばならない。

「崩」はトップの責任が重い。自分の命令に服さないような現場のリーダーが存在し、彼を切り捨てなければ組織が持たないのであれば、切り捨てる冷酷さが必要だ。それが無くては組織は維持できない。また実力があるのに認められなくて悶々とし、トップに逆らうような行動を取る現場のリーダーがいるなら、彼の実力を認めて、適材適所の人事を実行することが重要だ。

ある経営者が「人事は経営のメッセージ」と私に語ってくれたが、まさにその通りだ。人事でどういう経営のメッセージを伝えるかをよく考えよう。

「乱」や「北」は、トップの問題だ。指示や命令が不確かだったり、作戦も何もかもが場当たり的だったりしては勝てるはずがない。

会社はトップ次第で変わる。よいトップが就任すれば、組織はみるみる活性化する。よいトップとは、ライバルの情勢や会社を取り巻く環境を把握し、自信を持って部下に指示できる人物と言える。まさに「勇将の下に弱卒なし」の言葉通りだ。

よいトップとは？

それではトップのあり方はどうなのだろうか。

孫子は「進んで名を求めず、退いて罪を避けず」という。

トップというのは、勝ったからといって名誉を求めたりしてはいけない、また負けたからといって部下の責任にせず、自分で責任を負うべきだということだ。

言いかえれば自分の名誉のためだけに無謀な戦いをしてはいけないということであり、負けそうであれば退却を命じる勇気を持っていなければならないということだろう。

そんなトップなら幹部も部下も喜んで働くに違いない。

まとめ

- **リーダーの失敗の原因には、走、弛、陥、崩、乱、北の六つがある。トップは、自分の名誉を求めず、部下に責任を押し付けないことだ。**

情報戦で戦う時

先知《せんち》なり
孫子『孫子』

孫子は用間篇で戦いに勝利するには「先知なり」と教えている。

戦争になればものすごい費用が蕩尽されてしまう。そのため、戦争を避けたり、戦争に無駄なく勝利するために敵情を知ることが最重要事項となる。そのことに費用を惜しむべきではない。並外れた成功を収めることができる人や戦争に勝利する人は、あらかじめ敵情を知っている。これが孫子の考えだ。情報を入手することが勝利への道なのだ。

ではどのようにして敵情を知るか。

孫子は、「必ず人に取りて敵の情を知る者なり」と言う。すなわち人を使って情報を得るということ。戦いにおける情報官の役割の重要性を強調している。

企業における情報官とは

企業はいつ不祥事に揺れるかも分からないし、それを防ぐことは難しい。隠ぺいなどはもっての外だ。不祥事が発生した場合は、如何にダメージを小さくするかにかかっている。そのためには日ごろから情報官の育成に努め、トップが間違った判断をしない「正確な情報」を入手する仕組みを作らねばならない。企業の情報官と言えば広報になるだろう。

私の社会人経験から言うと、広報と広告を勘違いしている経営者は意外と多い。彼らはマスコミに自社のよい記事が出ると大喜びするが、まずい記事が出ると怒り出す。金を払って宣伝する広告と、企業と社会との情報の接点である広報との違いを全く理解していないのだ。

広報とは、いわば企業にとって社会に開かれた窓だ。その窓から、企業は広く社会に目を開き、いったい自分の会社が社会の中でどのように位置づけられているかを眺め、またその窓からは、社会の情報、その企業の評価などが聞こえてくる。そして広報は、それらの情報を正確に冷静にトップに報告しなければならない。トップは、その情報を分析し、判断し、行動する。それ自体は、トップの責任だが、情報官である広報がどのような情報を上げるかにかかっている。

情報官に適した人物

ではどんな人物を情報官に選ぶべきなのか。

孫子は「間《かん》より親しきは莫《な》く、賞は間より厚きは莫く」と言う。最も親密で信頼が置ける人物を登用しなければならない。そして彼に対する報酬は最も厚くなければならないと言う。

今では批判されて姿を消してしまったが、銀行にはかつて大蔵省担当の「MOF担当」という情報官がいた。彼らは企業内の最高エリートで予算も青天井、使い放題だった。大蔵官僚と酒、女、ゴルフに興じ、海外旅行をし、プレゼントを贈った。トップの意向を受け、金を使いまくった。なぜなら、少しでも早く大蔵省情報を入手することが、収益は勿論、危機管理上も銀行のプラスになったからだ。

広報もエリートだった。マスコミに金を使いまくった。中には、銀座に専用のクラブを持っていた銀行もあったという。なぜそこまでしたのか。それはマスコミ情報が銀行の危機管理上、不可欠だったからだ。少しでも早く情報を入手することで不祥事の拡大を防ぐことができたのだ。

今ではこうした極端な金の使い方はコンプライアンス上、許されなくなった。金だけでは情報が入手できなくなったのだ。そのためより優れた人材を情報官に配置する必要が生じていると言えるだろう。

孫子は、情報官を使いこなすにはトップが優秀である必要性を説いている。それが「聖智に非ざれば間を用うること能《あた》わず」ということだ。何事もトップ次第なのかもしれない。

まとめ

- **情報官（広報）には最も信頼が置ける人材を配置し、トップは彼らの情報を有効に活用しなければならない。**

勝《しょう》を知《し》るに五《ご》あり

孫子『孫子』

敵に応じて戦い方を変える

孫子は、どんな場合に勝利を得るかを、五つのパターンに分けて紹介している。

①戦うべき時とそうではない時を知っている場合。
②大軍と少数軍の使い方を知っている場合。
③上下の人が力を合わせている場合。
④準備をして油断する敵を攻撃する場合。
⑤軍が有能で君主が口出ししない場合。

この勝利パターンを企業経営に置き換えてみよう。
①投資のタイミングを間違えない。
②人材、予算に応じた戦略で戦う。
③チームがリーダーの下にまとまっている。
④充分なマーケティング、戦略を立案する。
⑤現場を信頼する。
このようになるだろうか。

この五パターンのどれが欠けても勝利はおぼつかない。しかし、最も重要なのはどれかと問われれば、①の戦うべき時とそうではない時を知っていることではないだろうか。企業経営に置き換えた場合、投資のタイミングを間違えないことにしているのはそれで失敗している経営者が多いからだ。

キッコーマンの見極め力

バブルの時、本業の好調さに浮かれた多くの経営者が本業以外の不動産、株式投資にうつつを抜かし、破綻したり、大損失を出したりした。これらの原因は戦うべき時を知らず、投資のタイミングを間違えたからである。

老舗企業キッコーマンの経営者から聞いた話を教えよう。世間が財テク熱に浮かされ、銀行から借金をして証券投資をしている時、キッコーマンの財務担当が社長に「我が社も財テクをやりましょう」と提案した。すると即座に「我が社は設備資金などの必要な資金ならどんなことをしても調達しますが、証券投資などの不要不急の金は借りません」と否定され、叱責された。この姿勢があるから老舗として長く安定した経営が続けられるのだと、その財務担当は深く反省したという。まさに戦うべき時を知る経営と言えるだろう。

守りに徹する忍耐

また、孫子は、「勝つべからざる者は守なり。勝つべき者は攻なり」と言う。勝てる条件が整わない時は守りに徹し、勝てる条件が整えば、攻めに転じればよいという意味で、臨機応変に戦う判断をしなくてはならないとのアドバイスなのだが、言うは易し、行うは難しだ。この判断は実に難しい。

太平洋戦争での日本を考えれば、この判断の難しさが分かるだろう。太平洋戦争時、結果から見れば、日本はアメリカに負けた。冷静に考えてみれば、生産力、戦力どれを取って見ても日本はアメリカと戦う力は無かった。

ましてや当時の日本は中国と戦っており、ソ連とも戦端を開いていた。こんな状況で太平洋でアメリカとガチンコ勝負ができるはずがない。今なら、誰もがそう思う。

しかし戦争をしてしまった。なぜか。多くの要因が考えられるが、政治家が、米国討つべしという世論の声を抑えられなかったことが大きな要素と言われている。

「日本は神国だ」「アメリカみたいに自分のことしか考えない国に負けるはずがない」「明治以来、清国にもロシアにも勝ってきたではないか」「必ず神風が吹く」「大和魂は強い」

こんな根拠のない熱病に国中が侵されて、真珠湾攻撃を開始してしまった。守りに徹する忍耐が持てなかったのだ。

企業経営では玉砕戦法は無意味だ。「勝つべからざる者は守なり」に徹せねばならない。勝つ条件が整わない時は、戦わない。戦わなければ、負けることはない。じっと忍耐して勝つ条件を整えるべきなのだ。

まとめ

- **勝利を得るのは、戦うべき時とそうではない時を知っている場合だ。**

戦国武将の頭の中

彼《か》れを知《し》りて己《おの》れを知《し》れば、百戦《ひゃくせん》して殆《あや》うからず

孫子『孫子』

孫子の言葉の中で最も有名なものの一つが、「彼れを知りて己れを知れば、百戦して殆うからず」である。敵のことを知って、味方のことも知っていれば、一〇〇回戦っても一〇〇回勝てるという意味だ。これに続けて敵のことを知らないで味方のことだけ知っているなら、五分の勝負。敵のことも知らないで味方のことも知らないなら戦うたびに負けてしまうと言う。

ところが孫子は、「百戦百勝は善の善なる者に非ざるなり」と言うから面白い。一〇〇回戦って一〇〇回勝つのが最高に優れているわけではないのだ。

孫子が、最上とするのは「戦わずして人の兵を屈するは善の善なる者なり」、すなわち戦わないで勝つのが最も優れていると考える。

戦いに明け暮れた戦国武将たちは、孫子に学び、なんとか戦わないで戦いに勝つ方法を模索した。それによって合従連衡等の同盟、提携策が多く講じられた。

「耳に臆病、目に大胆」の徳川家康

戦国時代に終止符を打ち、日本を統一した徳川家康のことを歴史家の磯田道史《みちふみ》氏は、「耳に臆病、目に大胆」と評すべき人物だったと言う。

家康は、臆病なほど戦うまでに周到な準備を重ね、戦いになると大胆に振る舞い、勝利を得たという。臆病さと大胆さを併せ持っていたからこそ天下を取ったのだ。家康こそ、敵のことも、味方のこともよく知っていたからこそ戦いに勝つことができた人物だと言えるだろう。

また家康は、戦わずして勝利を収めようと、当時最も勢いがあった信長と同盟関係になった。甲斐の武田信玄、勝頼親子の侵略を食い止めるには、信長と手を組むのが最善の策だったからだ。家康は、徹底して信長には逆らわなかった。嫡男信康を信長の命令で自決に追い込むなどは、並の武将にできることではない。

普通なら、嫡男を殺さず、信長に反旗を翻すところだが、実際、家康は耐えしのんだ。それは信長のことも、自分の実力もよく分かっていたからこそ、戦わない選択をしたのだ。これが結果として最終的な天下統一という成果に繋がった。

もし信長の命令に逆らって信康を守っていたら家康は、信康と共に滅ぼされていただろう。こうなると日本の歴史はどう変わっていただろうか。

「耳に臆病、目に大胆」は、「百戦して殆うからず」の法だと言えるだろう。

グローバル化による海外進出の注意点

企業経営も情報を集めて、ライバル企業のことやマーケットのことを充分に知り尽くして、そののちの行動は大胆でなければならない。

まず何よりもライバルの実力と自分の実力を冷静に知ることから始めねばならない。ライバルより自分の実力が勝っているなら囲い込み、せん滅すればよい。すなわち吸収合併だ。もし拮抗しているなら必死で戦う。相手がどこかと提携しているなら、その提携関係を破るなどの戦いが考えられるだろう。

いずれにしても臆病なほど、敵、味方の情報を集めることから戦いを始めねばならない。

経済のグローバル化が進み、大企業のみならず中小企業も海外に進出することが多くなった。海外で取材すると、中小企業は調査不足のまま進出して、失敗するケースが多い。これではダメだ。中小企業であればあるほど失敗は許されない。まず情報収集から始めよう。

まとめ

・敵のこと、味方のことを知って初めて勝つことができる。
・情報収集に全力を傾け、大胆に行動すれば、勝利は動かない。

すべての仕事はあなたの最初の一言で決まる

相手の隙を衝く交渉術

第2章

コミュニケーションで大事にすべきこと

巧言令色《こうげんれいしょく》 鮮《すくな》し仁《じん》

孔子『論語』

最近、「コミュ力」と言われ、就職活動において最も重視されるのがコミュニケーション力だ。採用担当者に話を聞くと、新入社員に求めるものとして最優先に挙げられている。

しかしこの「コミュニケーション力」とは具体的には何を指すのだろうか。

ペラペラと口八丁手八丁で人に取り入る技術なのだろうか？　もしそうであれば控えめな人、慎重な態度の人は失格ということになってしまう。

孔子は、「巧言令色鮮し仁」と、言葉が巧みで外面ばかり飾り立てる人間には仁が少ないと言った。言葉巧みな人間は信用できない。そういう人間には「仁」の心が無いと言っているのだ。

孔子は、真のコミュニケーション力とは「仁」だと考える。相手への思いやり、誠心誠意尽くすこと、言葉はとつとつとしていても真実がこもっていることが大事なのだ。それが相手の心を動かす。

口達者の弱点

孔子は、よほど「ペラ男」が嫌いなのだろう。

ある人が、孔子の弟子の仲弓を評して、「あいつは仁はあるけど佞《ねい》（口が上手いこと）じゃないよね。上司へお世辞の一つも言えないから、評価されないんだ」と言った。

すると孔子は怒って、「なんで口達者じゃないといけないんだね。そんなものなんになる。口達者な人間は口先で相手を丸めこもうとして、心が無いから、しばしば人から憎まれるのだ。仲弓が仁の徳を備えているかどうかは知らないが、彼が口下手でお世辞も言えないとして、それがどうしたっていうのだね。なんの問題になるというのか」と答えたという。

孔子は、この中で「焉《いず》んぞ佞を用ひん」を二回も繰り返している。佞であることは人が世の中で立身していくのに不要だと強く考えているのだろう。

三井大番頭・池田成彬

池田成彬《せいひん》という明治、大正、昭和を生き抜いた経済人がいる。三井銀行に入行後、日本銀行総裁まで務めた銀行家であり、三井財閥の指導者としても知られている。

彼は慶應義塾大学の学生だった時、福沢諭吉の講演を聞いた。福沢は、学生たちに「これからは巧言令色でないといけない」と言った。池田はそれに反発を覚え、福沢の講演を最後まで聞くことなく会場を飛び出したという。福沢は口達者であれ、という意味ではなく、多くの外国と渡り合うには言葉巧みに交渉する力が必要だと言いたかったのだろう。

池田は信念の人として知られている。自分の行動に関して一切、言い訳も弁解もしなかった。だから私は彼の一生を描いた小説のタイトルを『我、弁明せず』（ＰＨＰ文芸文庫）としたのだ。

いずれにしても人間関係を円滑にしたり、相手と交渉したりするのに、巧みな言葉は不要だ。いくら口達者でも「仁」という「真実の心」がこもっていなければ本当のコミュニケーション力にはならない。

もしもあなたが口下手でお世辞が言えない人であっても、何も卑屈になることはない。あなたの言葉に「仁」があれば、相手に伝わるだろう。

実際、腕利きのセールスマンは口達者とは限らない。むしろ口下手だが、客への心遣いのある人が多い。

ここで注意しなくてはいけないのは上司だ。どうしてもお世辞が上手い部下、プレゼンテーション能力が高い部下、口達者な部下を可愛がり、評価しがちだ。

本当に評価すべきは、そういう「佞」タイプの部下ではない。部下の言葉に「仁」があるか見極める能力が上司には必要だ。

まとめ

- **真のコミュニケーション力とは、口下手でもその言葉に「仁」、すなわち「真実の心」がこもっているかどうかだ。**
- **上司は口達者な者、お世辞の上手い者ばかり評価してはならない。**

「真面目だけじゃ勝てない」

兵《へい》は詭《き》道《どう》なり

孫子『孫子』

経済戦争がグローバルな広がりを見せている現在、企業は生き残りをかけて必死で戦っている。ましてや「総取り」戦の時代と言われ、一番でなければ生き残れない厳しい時代だ。このような時代においては、品行方正なだけでは勝負に勝つことはできない。事実、不真面目で不誠実で陰謀、策謀を巡らし、他人を出し抜くことしか考えていない経営者が多く存在している。

王道じゃなくて詭道

中国古代の兵法家・孫子の言葉に、「兵は詭道なり」というものがある。戦争というのは所詮、騙し合いだという意味だ。

孫子はそれに続けて、能力があっても無い振りをしたり、必要なのに不要と見せかけたり、近づいているのに遠く見せたり、相手が有利と見せかけて誘い込んだり、敵を混乱させて奪い取ったり……と数々の騙しの手段を講じる。

孫子は、負ける戦争はするな、戦わないで勝つのがベストという立場だから、正面衝突ではなく、相手を騙し、すかし、なだめ、迷わせるなど、ありとあらゆる手段を、それも臨機応変に駆使して戦うことを勧めている。それが「詭道」ということだ。「王道」では、なかなか勝てないということだろう。

相手の言葉の裏を読む

また孫子は、こんな面白いことも言っている。

「辞卑《ひく》くして備えを益《ま》すは、進むなり。辞強くして進駆するは、退くなり。軽車先《ま》ず出でてその側《かたわら》に居るは、陣するなり。約なくして和を請うは、謀るなり。奔走して兵車を陳《つら》ぬるは、期するなり。半進半退するは、誘うなり」

敵がへりくだっている時は、攻めるつもり。強気の時は、撤退するつもり。戦車が両翼を固めている時は、陣を構築中。和睦を求めてくる時は、陰謀を巡らしている。敵陣の動きが慌ただしいのは決戦を期している。進んだり、退いたりしているのは、誘い込もうとしている。これらも「詭道」の一つだ。

孫子が生きた時代、人々は戦争に明け暮れていた。勝つために誰もが敵の裏をかこうと陰謀、策謀、intelligenceを巡らせていた。言わば、誰もが真面目でなく、不真面目で誠実さのかけらもなかったのだ。

渋沢栄一が教える不真面目の勧め

日本企業は大悪人ばかりのグローバルな経済戦争で勝てるのだろうか？

くそ真面目で、本社の指示に忠実過ぎる社員ばかり揃えた日本企業は残念ながら大悪人企業に勝つことはできない。ではどうするか？

渋沢栄一という明治を代表する経営者がいる。第一国立銀行（現みずほ銀行）や東京海上火災（現東京海上日動火災）など生涯に五〇〇以上の会社を興した人物だ。彼は、著書『論語と算盤』（国書刊行会）の中で、世の中に出ようと思ったら、「始終自力を本位」で経済活動を行えと言っている。これこそ不真面目の勧めだ。不真面目というのは、他人に頼らず、自分の頭で考えろということだ。彼は、武士の倫理観を実業の世界に植えつけ、武士道と実業道を結びつけようとした。武士は勝利を得なければ命を失う。勝利のためには机上の空論におぼれることなく、実戦に即した臨機応変の作戦が必要になる。これはくそ真面目な教条主義者にはできない。

くそ真面目な社員が会社を滅ぼす

くそ真面目な社員は無批判に経営者の言うままに動く。自分で何も考えない。間違った経営方針であっても考えることなく突っ走るから、会社はダメになる。一方、不真面目な社員は、経営者の言うことに唯々諾々と従わないし、会社にしがみつかない。自分で考え、陰謀や知謀を巡らし、時には経営者に厳しく諫言《かんげん》するので、経営者は経営方針を修正し、会社は危機を免れることができる。

さらに渋沢は「始終自力を本位」に続けて「すこしも道に背かざることに意を専らにし」と言う。道徳を完全に守った仕事をすることが意義ある生活だという。あれ、くそ真面目の勧めじゃないの、と思う人もいるかもしれないが、悪の心を理解した上、善の心を持つということだ。いずれにしてもグローバル化する経済戦争の時代には中途半端では生き残れない。

まとめ

- **不真面目とは自分の頭で考え、実戦に即した臨機応変の策ができることだ。**

嫌な上司を好きになれ

己《おのれ》を脩《おさ》めて以《もっ》て敬《けい》す

孔子『論語』

上司に認められない、仕事を真面目にこなしているのに評価してもらえないと嘆く人は多い。しかし残念ながら、あなたがどれほど期待したって名伯楽と言われるような、人材を発掘し育てる上司なんかそんなにいるもんじゃない。

たいていの上司は、自分のことで精いっぱいで、あなたの実力を認めるほど、心に余裕が無い。またあなたが認められ、自分を追い越していくことに、極端な嫉妬心を抱いている上司もいることだろう。

孔子が教える、上司への対応術

この問題に対して適している古典のエピソードを紹介しよう。

孔子は、弟子から「君子とは」と問われて「己を脩めて以て敬す」と答えた。この意味は、自分の人格を磨くことを怠らないで相手を敬えば、人々は自ずと安らかになるということだろう。

孔子は、仁や義や礼にもよく言及するが、敬、恭などの言葉も重視している。敬には、自分の行為を怠ることがないという意味があるが、上司を敬い、慎み深く接することも意味しているのだ。そう思ってこの言葉を噛みしめてみると、これほど上司に対する態度を教えてくれる含蓄のある言葉はない。

上司を敬い、慎み深く接することとは、何もゴマをすったり、言いなりになったりすることではない。自分の信念をしっかりと抱き、上司と対等に対峙することなのだ。

とにかく嫌な上司から逃げてはダメだ。あなたが変わることが重要だ。びくびくせずに堂々と「お言葉ですが」とか「私の意見を申し上げてもよろしいでしょうか」などと相手を敬い慎み深く接すれば、自ずと上司は変わってくるだろう。

上司に恵まれなかった屈原

今も昔も有能な人であるほどなかなか上司に恵まれないものだ。

中国の春秋戦国時代の楚《そ》に屈原《くつげん》という、詩人であり政治家だった人物がいた。屈原は有能かつ清廉で、王の信頼が極めて厚かったが、そのため周囲の妬みを買い、讒言《ざんげん》に遭う。最後は懐に石を抱き、汨羅《べきら》という河に身を投じて死んでしまった。ちなみに死んだ日が五月五日で、屈原の死を悲しんで人々が汨羅にちまきを供えたことから、こどもの日にちまきを食べるようになったという。

屈原の悲劇は、王、すなわち上司に恵まれなかったことだ。王は、周囲の讒言に耳を貸し、自分を一番大事に思ってくれていた屈原を死に追いやってしまったのだ。

二千数百年前だって現代だって、上司に恵まれないのは同じだ。屈原が汨羅に身を投げる際に詠んだ歌が、「懐沙の賦」。そこには自分の思いが認められないことを嘆き、

「伯楽すでに歿《ぼっ》す、驥《き》、はたいずくんぞ程《はか》らん」

と詠っている。

「伯楽と言われる人はもはやいない。駿馬を見極めることができる人がいない悲しさよ」という意味だ。

屈原のように自殺してはダメだが、上司に認められないのは自分だけではなく多くの人が同じ思いを抱いていると思うと、少しは安心しないだろうか。

そうは言うものの自分を評価してくれない上司や嫌な上司と一緒に仕事をするのは耐えがたいものだ。その時は、まず自分を変えてみよう。それが「己を俯めて以て敬す」だ。手始めに上司に「おはようございます」と元気よく挨拶してみようではないか。ささやかな積み重ねによって、上司のあなたを見る目はきっと変わってくるに違いない。

まとめ

- **自分の実力を正当に評価してくれる上司はそんなにいないのが普通だ。自分だけが正当に評価されないと思い悩むことはない。誰だって同じ悩みを抱いているのだ。**
- **嫌な上司に対する態度を変えてみよう。上司を敬い、慎み深く接してみよう。そうすると徐々に上司はあなたを見る目を変えるだろう。**

古典に学ぶ提携戦略

合従連衡《がっしょうれんこう》・遠交近攻《えんこうきんこう》
司馬遷『史記』

グローバルな経済戦争の中で、どうやって世界と戦っていけばよいのだろうか。中国の春秋戦国時代にどんな外交戦略を立てて国々が争ったか、司馬遷の『史記』を見てみよう。きっと参考になるに違いない。

合従連衡策

まずは「合従連衡の策」。

中国戦国時代、戦国の七雄が覇を競っていた。燕《えん》、趙《ちょう》、斉《せい》、魏《ぎ》、韓《かん》、楚、秦《しん》である。そのうち西方の秦が頭一つ抜けて力があった。秦以外の国々は合従するか、または連衡するかが大きな課題となった。合従とは、秦に対抗して他の六国が連合すること、連衡とは、六国それぞれが個別に秦と提携し、他の国を滅ぼすことである。

舌先三寸の弁舌の徒である蘇秦は、燕の文侯に千里も先にある秦のことを警戒するより、百里の近くにある趙のことを警戒すべきと趙との合従を提案する。文侯はこの案を受け入れ、蘇秦を趙に派遣する。蘇秦は趙で宰相になり、六国の合従を成功させ、秦に対抗する。安心できない蘇秦は、さらに秦の横やりで合従策が壊れるのを防ぐために盟友の張儀を秦に送り込む。そして、策略を用いて張儀を秦の軍事顧問に就任させた。

張儀は、蘇秦の存命中は合従策を破る動きは控えめにしていたが、蘇秦が亡くなると、暗躍し、合従策を次々と破り、各国と秦との連衡を成し遂げ、秦の覇権確立に活躍した。

これを現代の国家間の関係で考えてみよう。台頭する中国を封じ込めるために日本が、アセアン諸国と手を組もうとしている動きは合従策。これに対して中国がカンボジアやミャンマーなどそれぞれの国への投資を活発化させ、関係を深めることで日本の中国封じ込め策を打ち破ろうとしているのは、連衡策と言えるのではないか。

例えばある日本の大手ビール会社は世界一の巨大ビール会社バドワイザーに対抗して合併を試みた。これは合従策にあたるだろう。しかし上手く合意に至らず今は個別に海外のビール会社などを買収、提携している。これは連衡策だ。

また、トヨタ自動車は世界で最も大きな自動車会社だがＧＭやフォードなど他の巨大自動車会社に対抗するため日野自動車、ダイハツ自動車、富士重工業（スバル）などと強力な資本関係を結んでいる。これも連衡策だ。

グローバル化した時代は一番しか生き残れない。二番ではダメなのだ。そこで巨大企業が存在する業界では、絶えず合従連衡が繰り返される。

遠交近攻策

次は「遠交近攻の策」。

范雎《はんしょ》は、秦の昭王に「遠く交わりて近く攻めんにはしかず。寸を得れば王の寸なり、尺を得るもまた王の尺なり。いまこれを釈《す》てて遠くを攻むるは、また繆《あやま》らずや」と説いた。要するに遠くの斉を攻めるのは間違いで、遠国と提携して近くを攻めて、ちょっとでも領土を拡張する方がいいと言うのだ。

秦の昭王は、この提案を受け入れ、遠い斉や楚と親交を結び、近い韓や魏を攻め、領土を広げた。この遠交近攻策は秦の国是となり、秦の天下統一に役立っていく。

秦の昭王が、魏は信用できないがどうすればいいのかと范雎に聞くと「王、詞を卑《ひく》くし、幣を重くしてもってこれに事《つか》えよ。可かずんば、地を割きてこれを賂《まいな》え。可かずんば、よりて兵を挙げてこれを伐《う》て」と言う。要するに丁重に扱えばいい。もしダメなら領土を分けてもいい。それでもダメなら攻めるだけだと言うのだ。

現代の国家間で言うと、日本がアメリカと結んで中国を封じ込めるようなものだろうか。現代の企業戦争で言えば外国企業と提携して新しい技術を採用することは広く行われてきたが、これなども遠交近攻策と言えるだろう。またさくら銀行と住友銀行の合併のように全く違う系列の財閥銀行の合併も血筋が遠いという意味で遠交近攻策だ。またセブン&アイグループに、西武百貨店、そごうなどのミレニアムリテイリンググループが加わったが、流通業界での戦いに勝つためにスーパー、コンビニと百貨店という異業種が結びついたのだ。これも遠交近攻策だ。

こうやってみると、どちらの政策も一長一短だが、世界と戦うためには、他との付き合い方が大切なのは間違いない。

まとめ

- **巨大企業に対抗したり、マーケットを一気に支配しようとしたりすれば提携戦略が重要になる。**
- **合従連衡策、遠交近攻策という中国古来の策が今も通用する。**

「どうやって相手の信頼を勝ち取るのか？」

信《しん》なくば立《た》たず

孔子『論語』

孔子がこの「信なくば立たず」と言ったのは、弟子から政治の要諦を聞かれた時だ。孔子は「兵と食と信」だと答えたが、弟子から、この三つで強いて捨ててもいいものがあるかと聞かれた。孔子は、まず「兵」だと答え、続いて人間というものは必ず死ぬ定めにあるから「食」を捨ててもいいが、「信」だけは絶対に捨ててはいけないと答える。

国、政府、政治家を信じなくなったら人々は生きていられないということになる。だから政治を行う人は、人々から信頼を勝ちえなくてはいけないということだ。

孔子は、他の場面でも、政治や人間関係において「信」が最も重要で、それが人を人たらしめていると言っている。その「信」は「人」の「言葉」だ。だから何があっても人は、自分の言葉に責任を持たねばならない。

セブン&アイ・ホールディングスの三つの約束

企業においても「信なくば立たず」は真実だ。

セブン&アイ・ホールディングスの伊藤雅俊名誉会長から教わったことがある。

伊藤氏は、「三つの約束を大事にして経営してきました。それは一つ、仕入先に対しては20日締めの月末現金払いを厳守すること、一つ、従業員の給料は絶対に遅配しないこと、一つ、安心安全な商品を販売することです」と言った。

イトーヨーカ堂が、中国の四川に進出する際、幹部社員に対して「この三つの約束が守れないようなら中国から撤退しなさい」と言い聞かせたという。これこそまさに「信なくば立たず」の教えだ。

仕入先への現金払いは、仕入先への「信」、給料を遅配しないのは従業員への「信」、安心安全の商品を販売するのは客への「信」、このどれが欠けても企業経営は上手く行かない。だからそれらが守れないようなら中国からの撤退も辞さずということだ。

伊藤氏は、苦労してイトーヨーカ堂やセブン-イレブンを展開する大流通企業を築きあげた。金策にも苦労した時代があったという。しかしどんな苦境に陥ってもこれら三つの約束だけは守り抜いた。その結果、大きな信用を得ることになり、事業は順調に成長したのだ。

日本は、一〇〇年、二〇〇年という長い歴史を刻む会社が世界で最も多く存在する国だ。なぜそんなに多く存在するのかと言えば、それぞれの時代の経営者が「信」を最も重要視してきたからだ。

今は、株主重視経営と言われ、株主利益の最大化を図ることが経営者に求められる能力だと言われるが、それは一面の真実に過ぎない。短期的な利益を追求する投資ファンドは、その会社が将来的にどうなろうと、目先の利益を確保することが最も大きな行動原理になる。だから日本的経営とよく衝突するのだ。日本で長く経営していこうと思えば、取引先、従業員、消費者、地域社会などの「信」を重視した経営をするべきだ。それが結果として株主の利益に繋がるだろう。

まとめ

・短期的な利益を追求するのではなく長く安定した経営を続けるには、「信」がなければならない。

理想の部下とは？

欺《あざむ》くことなかれ、而《しか》して之《これ》を犯《おか》せ

孔子『論語』

理想の部下とはどういうものか。それが分かれば上司に仕える際にとても有利になるだろう。

何かと意見を言う部下がいいのか、お世辞を言う部下がいいのか、甘える部下がいいのか……。上司に仕える方法を古典ではどう考えているのか見てみよう。

中国の古典小説に『水滸伝』がある。英雄である宋江と多くの勇者たちが梁山泊《りょうざんぱく》に集い、敵と戦うという血湧き肉躍る物語だ。

宋江の仲間に呉用という作戦参謀がいた。呉用の参謀としての見事な振る舞いを見ると、経営者なら誰でも彼を部下にしたくなるだろう。呉用のすごさは、次の論語の言葉に表されているだろう。

「子路君に事《つか》へんことを問ふ。子曰はく、『欺くことなかれ、而して之を犯せ』」

上司に仕えるには、欺いたり、嘘をついたりしてはダメだ。だが上司の顔色を見るばかりでゴマスリでもいけない。覚悟して意見を言いなさい、という意味になる。

上司に仕えるなら、誠意を尽くして絶対に裏切ってはいけないが、媚びへつらうのではなく、ちゃんと意見を言いなさいというのが孔子の考えなのだ。

歴史上の名参謀・呉用

呉用の優秀さは、「謀略は敢《あ》えて諸葛亮を欺《あなど》り、陳平も豈《あ》に才能に敵せんや」と評価されている。諸葛亮は諸葛孔明とも呼ばれ、三国時代の蜀《しょく》の劉備に仕えた名参謀であり、陳平も戦国時代の前漢の劉邦に仕えた名参謀だ。歴史上の有名な二人の参謀に並び称されるのが呉用なのである。

呉用は、仲間の晁蓋《ちょうがい》らと強盗を働き、お尋ね者になる。あわや逮捕されるという寸前で、宋江に助けられる。その頃の宋江はまだ英雄ではなく、晁蓋と義兄弟の契りを結んでいたものの単なる小役人だった。ただし、誰でも分け隔てなく面倒を見る人物だったため、彼らのような世の中から外れた人間たちから「及時雨宋公明《きゅうじう》」と呼ばれ、尊敬されていた。

九死に一生を得た呉用は、先に梁山泊に入っていたが、多くの勇者を束ねるには宋江が相応しいと考え、宋江を梁山泊のトップとして迎えいれる。その後は、宋江の参謀となり、数々の窮地を救うことになる。

呉用は、宋江が立てる作戦に異論を唱えることが多い。二人の間には強い信頼関係があるから、宋江は呉用の異論に耳を傾け、作戦を変更する。

普通はトップの意見にそのまま従うものだ。しかし、呉用は間違いは間違いであると異論を唱える。そこが参謀の参謀たる所以《ゆえん》で、まさに「欺くことなかれ、而して之を犯せ」の姿勢を貫いている。

「礼を尽くすこと」と「へつらい」の違い

また孔子は「君に事ふるに礼を尽くせば、人以て諂《へつら》へりとなす」と嘆いている。

一生懸命、上司に仕えているのに、周りは「あいつはへつらい、ゴマスリだ」と非難するという意味だが、これは皆さんもよく経験することだろう。

しかし礼を尽くすことと、へつらいは違う。どんなことを言われようと上司には一生懸命仕えればいい。ただ、たとえ上司であっても間違っている時は間違いであると諫言しなければならない。

これは厳しい。上司にあなたの諫言を聞きいれる傾聴能力がなければ、周りのゴマスリ部下があなたの悪口を上司の耳に入れ、左遷されるかもしれない。

しかし、本当に上司に仕えるということは、嫌な顔をされても言うべきことは言わねばならないということだ。

そこで孔子は次のようにも言っている。「信ぜられて而して後に諫《いさ》む。未だ信ぜられざれば則ち以て己を謗《そし》ると為す」。つまり「君（上司）に信用、信頼されて初めて諫言しなさい。もしまだ信用、信頼されていないのに諫言すれば、それは謗られ、悪口を言われていると思われるだけだ」という意味だ。まさにその通り。上司も部下もお互い「信」があってこそ、言いたいことが言い合えるのだ。

まとめ

・上司に本当に仕えるというのは、きちんとその方針に異論を唱えられることだ。ゴマスリ、へつらいをする部下は理想の部下ではない。

名将たちの交渉術

約《やく》を以《もっ》て之《これ》を失《うしな》ふ者《もの》は鮮《すくな》し
孔子『論語』

交渉術とはなんだろうか？　取引先との交渉ばかりではない。上司や部下との交渉も含まれる。上司や部下との交渉とは、職場での人間関係を円滑にすることを目的としている。社内や外での人間関係が悪くなれば、「その上司がいるだけで胃が痛くなるんです」とか「あの取引先の顔を思い浮かべるだけで会社に行きたくなくなるんです」ということになってしまう。

コミュニケーションは、仕事の土台ともなるべく、重要な要素だ。交渉が上手く行かなければ、その後の仕事もよい結果が生まれないだろう。

孔子が考える交渉術

孔子は、「約を以て之を失ふ者は鮮し」と言う。この意味は、慎み深く控えめにしておけば間違うことは少ないということだ。

孔子は、リーダーに対して全てにおいて慎み深く、控えめにすることを要求する。これは交渉術の奥義ではないだろうか。取引先や上司、部下に対して慎み深く、控えめにしておけば、自ずと尊敬が集まり、交渉が上手く行くに違いない。

また孔子は、「君子は言に訥《とつ》にして行ひに敏ならんことを欲す」とも言う。

リーダーというのは、言葉には慎重になって軽々しく発してはいけないが、行動は敏捷でないといけないという意味だ。多弁でペラペラと話す必要は無いが、言ったことは実現に向けてきちんとすばやく行動する。こんな担当者であれば取引先の心を摑むのは間違いない。

また上司だってこんな部下であれば信頼するだろう。

二つの孔子の言葉から、交渉術とは決してペラペラと多弁を弄することではなく、控えめで、慎重で、かつ行動はすばやく、言ったことは必ず守るという姿勢を貫くことだと言える。

相手を自分のテリトリーへ入れる

孔子の交渉術を体現しているのが、『水滸伝』の主人公の宋江だ。宋江は、仲間、敵、住民の誰からも愛され、尊敬された。仲間は彼のために命を捨て、敵は戦った後、宋江を憎むことなく、仲間になった。住民たちは彼の進む道を喜んで開けたという。敵、味方両者から愛される宋江こそ、最高の交渉術を持った人物だと言える。

最高の交渉術というのは、宋江のように、相手を自分のテリトリーの中に入れてしまうことだ。それは上司だろうと、部下だろうと、取引先だろうと、同じだ。みんな自分のテリトリーに入れてしまえばいい。

「慈悲」「仁」「如」

なぜ宋江は、そのようなことができたのだろうか。

まさに宋江は、「約を以て之を失ふ者は鮮し」の言葉通りの姿勢を貫いているからだ。仲間にも敵にも住民にも、宋江はいつも控えめでへりくだる。

この姿勢は、「慈悲」「仁」「如」に通じる。慈悲は、慈しむこと、仁は誠を尽くすこと、如は許すことである。

宋江は、どんな人物に対しても分け隔てなく接し、及時雨の人と言われた。これは慈悲そのものである。また敵を捕まえても許す如の人であったし、敵にさえも仁の誠を持って接した。だからこそ、彼に人がついてきたのだ。

敵の大将を捕まえても殺さず、自分より上座に座らせ、へりくだる。その姿勢に感銘を受け、たちまち敵が味方に変じてしまう。これこそまさに交渉術の極みではないだろうか。

宋江のように「慈悲」「仁」「如」の心を持ち、万事控えめにしていれば、交渉やあらゆる人間関係は、円滑で上手く進捗するに違いない。

まとめ

- **交渉術とは人間関係だ。**
- **人間関係を上手く進捗させるには万事控えめにすることだ。**

「老子が教える交渉術」

善《よ》く士《し》たる者《もの》は武《ぶ》ならず
老子『老子』

孔子と対立している老子も交渉術については同じような考えを持っているようだ。

老子は、「善く士たる者は武ならず」と言う。戦いに強い武士は、武張っていないということだ。猛々しく、強く見えないということだろうか。老子らしい。

それに続けて「本当の武士は、怒らない、争わない。そしてリーダーと言うべき上に立つ人は、へりくだり、謙虚だ。こういうのを不戦の徳という。これは天の道であり、古くからの奥義だ」と言う。

これは孫子で言う「戦わずして勝つ」兵法だ。

私が出会った本当に怖い人物

あまりいい例ではないけれど、銀行員時代、暴力団員と融資回収の交渉をしたことがある。相手は暴力団員と名乗ってはいなかった。右翼の政治団体の役員だったが、背後関係を調べると、暴力団員だった。

普通、暴力団員というと「われ、何ぬかしとんねん！　耳の穴から手ぇ突っ込んで奥歯ガタガタ言わしたろか」と机に脇差しをドンと突き刺して交渉するというイメージがある。

しかし彼は全くそれと正反対。体つきも華奢で言葉遣いも丁寧。声を荒らげることもない。いわゆる普通の人以上に普通なのだ。ちょっと違うのは、時折、私を見る目つきが厳しいというか、ちょっと怖いというか、それぐらいだ。私が融資回収の申し入れをすると、彼は「よく分かりました。こちらも急に返済と言われましてもなかなか難しいこともありまして……。少し、時間を頂ければと思いますが」と、申し訳なさそうに言う。

「どれくらいかかりますか」

私がそっけなく言うと、彼の目が不気味に光って、私を見つめた。ほんの一瞬のことだ。私は背筋がぞくぞくと寒くなった。殺されるかもしれないと恐怖心さえ覚えた。

一般的に大声で荒っぽく言い募る連中は、それほど怖くない。いざとなれば警察を呼べばいい。本当に怖いのは彼のような人物だ。幸い、交渉は上手く行き返済してもらったが、その間、びくびくだった。

彼のような人物を「善く士たる者は武ならず」と言うのかもしれない。大声で要求をぶつけるだけでは交渉にならない。怒らず、争わず。不戦の徳が一番強い。老子が言うように「武ならず」という姿勢で交渉すれば、上司も部下も取引先も、あなたの本当の強さを理解して、従うのではないだろうか。

いつも肩に力が入っていれば、交渉するのも目を吊り上げることになる。これでは上手く行くものも行かない。たまには力を抜くことも大事だ。

余計な知恵が足をすくう

老子は、「我れをして介然として知有らしめば、大道を行くに、唯《た》だ施《ななめ》なるを是れ畏れん」と言い、これに「大道は甚《はなは》だ夷《たい》らかなるも、而《しか》も民は径《こみち》を好む」を続ける。

意味は次のように解釈できる。

もし自分に少しでも知恵があるなら大きな道を歩く際に脇道にそれることが怖くなる。実際、大きくて広い道は平坦で歩きやすいのに、人々はひょっとしたらこっちの道の方が近いんじゃないかなどと余計な知恵を働かせるものだから脇道、小道を歩いてしまう。素直に

「大道を歩け」という教えと受け取っていいだろう。

人は、成果を競う余り、大道を行く交渉をせず、賄賂や縁故やいろいろな手練手管を講じる。そのためやたらと複雑になり、結果として交渉が上手く行かない。堂々と相手に正面からぶつかればいいのだ。その方が上手く行く。

例えば上司や取引先に謝罪する時、最もベストな方法は、すぐに「ごめんなさい」と頭を下げることだ。それなのにぐずぐず時間をかけたり、人に仲裁を頼んだりすると、問題が複雑になってしまう。交渉は、「大道を歩け」だ。これを肝に銘じよう。

まとめ

- **交渉において怒ったり、争ったりするのはよくない。「武ならず」という不戦の徳で臨むべきだ。**
- **交渉においては「大道を歩け」が最も近道だ。脇道、小道にそれてはいけない。**

第3章

人を生かすリーダーシップ

部下の力を伸ばすことが出世への近道

「やる気のない部下をやる気にさせる」

死地《しち》に陥《おとしい》れて、然《しか》る後《のち》に生《い》く

孫子『孫子』

上司にとって最大の関心事である、「やる気のない部下をやる気にさせるにはどうしたらいいか」について考えてみたいと思う。

あなたの部下はやる気はあるだろうか？　あなたから見たらどうにも使えない者たちばかりではないだろうか。

「部下は選べないからな」とあなたは愚痴をこぼすかもしれない。

しかし、部下も同じように「上司は選べねぇからな」と嘆いているに違いない。彼らはきっと「隣の課の課長はリーダーシップがある」「ビジョンが明確だ」などと、隣の芝生が青く見えていることだろう。

新橋の居酒屋で背中合わせで、あなたが部下の悪口を言い、あなたの部下があなたの悪口を言っているような、笑えない光景があってもなんら不思議ではない。

「死地」に追いやる

孫子は、著書の中で、部下の能力を最大限に引き出す方法を教えてくれている。

『孫子』九地篇に「死地」という言葉が登場する。「死地」とは力の限り戦わなければ、滅亡してしまう戦場のことを指しており、孫子は「死地に陥れて、然る後に生く」と言う。つまり、兵士とは滅亡するような状況、絶体絶命の危難に陥って初めて本気で戦おうとするのだ、ということだ。

この戦法で有名なのは、前漢の高祖・劉邦に仕えた戦略家・韓信の「背水の陣」だ。漢軍は三万、趙軍は二〇万。圧倒的に不利な状況の中、韓信は、「趙軍は、我々が逃げ出すと、城を出て追撃してくるだろう。その隙に敵城を攻めて我々の幟《のぼり》を立てろ」と指示して、一万の兵士を率いて川に向かって逃げ出した。それを見た趙軍は、予想通り城を出て漢軍を追撃した。川を背にした漢軍は、逃げ場がなく死に物狂いで戦ったため、趙軍は韓信をなかなかうちとれない。その時、背後の自城を見ると、なんと漢軍の幟が翻っているではないか。動揺した趙軍は総崩れになって漢軍に敗れてしまったのである。韓信は、どうして川を背にするという不利な戦法を採用したのかと後日聞かれ、兵士を死地に追いやらねば本気で戦わないものだと答えたという。この故事から「背水の陣」という言葉が生まれた。

富士フイルムに見る「背水の陣」

兵士たちは韓信の背水の陣によって死地に追いやられ、自分の持てる能力以上の能力を発揮した結果、勝利を得ることができた。それならば職場でも部下の能力を最大限に引き出すためには、彼らを「死地」に追いやることだ。勘違いしないでほしい。苛《いじ》めて追い詰めろと言うのではない。

職場での「死地」とは何か？　それは部下の活躍がなければ組織、すなわち会社が滅亡するような場面ではないだろうか。韓信が率いる漢軍が、もし趙軍に敗れていたら漢は中国を統一できず、今の中国の歴史も変わっていたのかもしれないのだ。

そう考えると、会社が危急存亡の時、部下にその事態を納得させ、能力以上の能力を発揮させることができるかどうか。それはまさにリーダーの力にかかっていると言えるだろう。

富士フイルムの業績を劇的に回復させた古森重隆氏（富士フイルム及び富士フイルムホールディングス代表取締役会長兼ＣＥＯ）の経営手法はまさに「背水の陣」だ。

古森氏の著書によると、「富士フイルムは、カラーフィルムで売上の六割、利益の三分の二を占めていたが、それが二〇〇〇年をピークに年に二〇パーセント、三〇パーセントという勢いで市場が消滅していった」という（『魂の経営』東洋経済新報社）。本業消失という事態になってしまったのだ。古森氏は「来るものが、来てしまった」と覚悟を決め、このままでは会社がなくなるという危機感から富士フイルム初のリストラを断行する。構造改革の総額は二千数百億円規模にもなったが、同社の持つコラーゲン技術を活用して化粧品分野に進出するなどして、二〇〇八年には過去最高の売上と利益を達成するまでになった。

古森氏は「経営者には、二〇年、三〇年先を考えて、いやもっと先のことを考えて、会社を生き残らせる責任があるのだ。やらねばならないことは断固としてやらねばならない。それがリーダーの仕事である」と語る。これこそ自ら「死地」に飛び込む姿勢だ。

部下の育て方はいろいろあるが、そのどれもが上司のリーダーシップと密接な関係にある。部下を育てたいなら、自分をリーダーとして磨き、部下と共に自らも率先して死地に飛び込んでいく覚悟が必要だろう。

まとめ

- **死地に追いやってこそ部下は育つが、それを実践するには自らもリーダーとして死地に飛び込んでいく覚悟が必要だ。**

部下を育てるには

後生《こうせい》畏《おそ》るべし

孔子『論語』

上司にとって、部下を育てる上での悩み。それは、パワハラを警戒して、厳しい指導ができないということだ。殴ったり、怒鳴ったりするなんてもってのほか、服装や髪形の乱れを注意しただけでもパワハラになりかねない時代。上司は部下の指導に萎縮せざるをえなくなっている。ではどうすればいいのだろうか?

認めているということを理解させる

「後生畏るべし」という言葉を、孔子は残している。これは、若者を頼りなく思い、「今の若い者は」とつい言ってしまう年配者に対して、態度を諌める意味だ。将来を若者に託さねばならないのは自明のことなので、年配者は若い人の考えに寄り添い、それを柔軟に吸収するくらいでないといけないと孔子は教える。

「後生畏るべし」を部下指導に生かすならば、上司は、部下を畏敬し、彼らは自分を超えていく存在なのだと認識し、謙虚な姿勢で指導すべきということになる。

そのためにはどうするか？　指導プランを練ることだ。エリートや優秀な部下をたくさん集めても仕事が上手く行くとは限らない。むしろ部下同士が反目し合って足を引っ張り合うか、またはお互いに牽制し合って十分に力を発揮しないことが多い。それよりは現在の部下を、たとえ頼りないと思っていてもその能力を一〇％ずつアップする方がいい。一〇人の部下の能力を一〇％ずつアップすれば一〇〇％になる。その指導プランは、部下と協議し、合意の上で作成することが必要だ。「君をこのレベルにまで育てたいと思っているが、どうか」と問いかけ、目標を提示し、それを部下にも考えさせ、納得させることが肝要だ。

面倒だなと思ってしまった人がいると思うが、手間をかけないで部下の能力をアップしようなんて思ってはいけない。部下は、あなたから「どうか」と問いかけられることで、認められ、期待されていることを自覚する。これが最大のポイントだ。人は「承認」に対する欲望が強い動物だ。自分を認めてほしいといつも渇望している。あなたから認められていると認識した部下は、もうその瞬間に能力がぐんとアップしている。

数値化するのがミソ

そのためにも、目標は絶対に数値化すること。目標の「見える化」が効果的だ。単に「頑張ろう」などあいまいな目標は目標とは言えない。数値目標のいいところは、目標が明確に見えることだ。この製品を何台販売するかなど、数字はごまかしようがなく、言い訳がきかない。それに向かって部下が全力で取り組めるように、あなたも同行セールスなどのフォローを忘れないでもらいたい。ただし数値目標は、部下の目線の少し上あたりに設定しよう。あまり高い目標はかえって意欲を萎えさせてしまう。もう一つ大事なのは、小さな達成も大げさなくらいに褒めることだ。部下が「一台、売れました」と報告に来た時、「一台くらいで喜ぶな」「次はどうした」などと気持ちをくじくようなことを言ってはいけない。「よくやった。お祝いだ」くらいのことは言ってやろう。部下は、さらに意欲を燃やし始めるだろう。

選ばせることの重要性

ところで目標設定のもう一つの重要なポイントは、部下がやりたいことを目標にすることだ。本社から一〇の業績目標を与えられていても部下にそれらを全部やらせてはいけない。

部下が本当に興味を持ってやれるものを二、三選ばせるのだ。そんなことをしたら全体目標が達成できなくなると心配になるだろうが、部下がやらない目標は、上司であるあなたがやればいいだけだ。一番やってはいけないことは、トップダウン式に、まんべんなく全ての目標をやらせようとすることだ。思い切って絞ってみたらいい。そうすると、目標達成に自信を持った部下が他の目標も率先してやるようになる。

この方法は実際私が銀行員時代に行っていた。目標を絞って与えたところ、お荷物行員と馬鹿にされていた部下から「初めて営業の面白さが分かりました」と言われた。私はとても嬉しかった。この方法は、時間がかかってしまうが、一度、部下が自信をつけると、後は面白いほど業績が上がっていく。部下を怒鳴り、締め上げ、追い詰めて上げる業績は一時的な成果で終わってしまうが、部下は将来の自分たちを養ってくれる存在だと感謝し、謙虚な態度で、部下を育てると業績向上は長続きする。騙されたと思って、この方法をやってみてほしい。特にパワハラ上司と思われている場合は、あなた自身を守ることにもなるだろう。

まとめ

・目標は、部下の目線の少し上程度に数値化して設定し部下とよく協議すること。
・部下にまんべんなく全ての目標をやらせるのではなく、興味のある目標を選ばせ、自信をつけさせること。

組織をまとめて戦う時にやってはいけないこと

将《しょう》に五危《ごき》あり
孫子『孫子』

ネットで好きな上司、嫌いな上司のアンケートを見つけた。二五歳から三九歳までのソフトウエア・ハードウエア系エンジニア合計三〇〇名からデータを集めたらしい。

好きな上司のタイプ第一位はリーダーシップがある、第二位は最後にはきっちり責任を取って部下を守ってくれる、第三位は決断力がある、であった。

嫌いな上司のタイプ第一位は責任から逃れようとする、第二位は口ばっかりで行動を起こさない、第三位は理不尽なことで叱る、である。

サラリーマンの最大の悩みは職場の人間関係。上司も部下も大いに悩んでいるわけだ。

組織をまとめて戦う時

部下上司、それぞれの言い分や悩みがある中で、上司が組織をまとめる場合にどんなことに気をつけねばならないかを孫子が教えてくれている。

孫子は、「将に五危あり」と言い、自軍を自滅させうる五つのことについて語っている。

①必死は殺され、
②必生は虜《とりこ》にされ、
③忿速《ふんそく》は侮《あなど》られ、
④廉潔は辱められ、
⑤愛民は煩《わずらわ》さる。

意味は、①決死の覚悟だけを持ち駆け引きを知らないでいるのは殺される、②生きることばかり考えて勇気に欠けているのは捕虜にされる、③気短で怒りっぽいのは侮られる、④利欲がなくて清廉なのは辱められる、⑤民や兵士を愛すると苦労する、ということ。孫子はこの「五危」のいずれかが原因で戦争に敗れるのだから、将軍はこれらに充分に注意しなければならないと言う。

この五危を現代の上司に当てはめてみると、①は自分の成績を上げることばかりに気を取られてはいけない、②は責任逃れに終始し自分の生き残りを図ってはいけない、③は理不尽に怒鳴り散らすパワハラはいけない、④は清廉潔白で生真面目過ぎるのはいけない、⑤は部下をきちんと叱り、指導できないのはいけない、ということになるだろうか。

期せずして現代の若手サラリーマンが挙げる嫌いな上司と、孫子の「五危」が、ほぼ一致するのは面白い。孫子は、実際の戦争の場を想定して「五危」を列挙しているが、あなたも日々、部下を率いていろいろな現場で他社との戦いに明け暮れていることだろう。しかし、その戦いは、なんの戦略もなく、ただ部下の尻を叩き、攻めていき、「根性だ」「熱意が足らない」と大声で騒ぐだけではないだろうか。これでは業績は上がらず部下は苦労するだけだ。さらに、業績が上がれば、自分の能力が高かったからと吹聴し、下がれば部下の責任にするようであれば最悪だ。部下は一人もあなたについていかないだろう。

同じベクトルへ向けさせる

業績が上がるのは、部下が働いてくれるおかげだという感謝の気持ちを忘れてはいけない。業績不振のホテルを立て直したある経営者が「スタッフ一人一人が、お客様のために努力してくれたおかげです」と私に話してくれたが、まさにこの謙虚な姿勢が重要だ。彼がいくら立派な経営ノウハウを持っていたとしても、フロント、レストラン、厨房、コンシェルジュなど多数の部署のスタッフが同じベクトルに力を結集しなければ業績は向上しないのだ。
優れた上司とは、組織をまとめ、構成員の力を同じベクトルに向けさせる能力を持っている人物である。こういう人物が心掛けているのは、絶えず部下の目を意識していることだ。あなたは、部下ではなく、役員など、自分の上司を意識し過ぎてはいないだろうか。役員たちは人を見る目がなく、ゴマスリに弱い。だから得てしてゴマスリ上手が出世していく。そんな実例を見せられているから仕方がないかもしれないが、それでは組織を上手にまとめることはできないだろう。

まとめ

・部下が頑張ってくれて初めて業績が向上するという事実を認めよう。組織の力を同じベクトルに向けるためにも、絶えず部下の視線を意識しよう。

「どちらが名将か放任型と管理型」

桃李《とうり》言《ものい》わざれども下自《したおの》ずから蹊《みち》を成《な》す

司馬遷『史記』

上司には大きく分けて二種類の人間がいる。放任型と管理型だ。あなた、もしくはあなたの上司はどちらのタイプだろうか。それにより部下の指導方法も変わることだろう。ここでは、中国の『史記』から、二つのタイプの理想像を紹介したいと思う。

中国の前漢時代に李広《りこう》と程不識《ていふしき》という名将がいた。李広は、中島敦の名作『李陵』の主人公・李陵の祖父にあたる人物だ。

李広の軍は自由で、厳格な規律がない。夜も厳しい警戒をしない。しかし斥候（敵状や地形等の状況を偵察させるため、部隊から派遣する少数の兵士）だけは遠くまで出していたので敵襲を受けなかった。一方、程不識の軍は、規律が厳格で、兵は休息ができず、働き続けた。だからこそ敵襲を受けなかった。

李広は知略に優れ、部下に慕われていたために部下を放任していてもよかった。一方、程不識は部下に厳しいために恐れられていたが、戦巧者の名将だった。

「放任＝いいかげん」にならないためには

李広が部下を放任したのは、甘やかしたのではない。李広は誰よりも勇敢だったし、最後は部下に責任を負わせないために、失敗の責任を取り、自死を選んだほどの人物だ。だからこそ部下に慕われ、部下は喜んで彼のために死んだのだ。

李広のような上司に仕えると仕事が楽しいに違いない。自由にのびのびと働き、才能を開花させることができるだろう。しかし、自主的に仕事をする強い気持ちを持っていなければ楽しいだけで終わってしまう。

一方、李広のような上司になることは難しい。何が起きようと自分が責任を取る覚悟がなければ李広のようなマネージメントは不可能だ。覚悟が無いのに部下を放任したら単なるいいかげんになってしまう。

管理型リーダーが陥りやすい罠

程不識は廉潔な人柄で、皇帝に対しても遠慮せず、その非を諫めたと書かれているから、部下に対してだけ厳しいのではなく、自分にも、また上司にも厳しく公正で無私無欲の人だったのだろう。程不識のような上司に仕えると、最初は厳しくて憂鬱になるが、じわじわとやりがいを覚え、実力が身についてくる。なぜならきちんと仕事をすれば、学歴、身分など余計な要素抜きに公平公正に評価してくれるからだ。評価が公平公正な上司ほど仕えていて心地よいものはない。この公平公正が無ければ程不識のような上司は、単なる管理が厳しいだけの心の狭い、ミスを恐れる上司になってしまう。これでは部下は離反してしまう。

言葉を変えれば李広は情のリーダー、程不識は理のリーダーということになるだろうか。情のリーダーとは、部下の個性を重視し、個性を発揮させることで成果を上げるタイプ、理のリーダーとは、組織を重視し、チームで成果を上げるタイプと言える。しかし両者とも敵に勝利することでは他の将軍を圧倒していたのだから、部下を愛し、そして部下から尊敬されていたに違いない。私は『史記』の登場人物で一番好きなのが李広だ。私にとって上司の理想像である。

司馬遷が李広を評して言った「桃李言わざれども下自ずから蹊を成す」という言葉がある。

成蹊大学の名前の由来になった有名な言葉だが、人柄を慕って人が集まるという意味だ。李広は、出世には縁がなく、最後まで部下と共に死地に赴き、部下と一緒に暮らした。こんな上司にならら命をかけてもいいと思わせるタイプだ。参謀向きではないが、現場のリーダーとして最適の人だった。私もこんな上司に仕えたいし、自分もそうなりたいと思っていた。こうした理想像を持つことは必要ではないだろうか。

日本の李広型名リーダー

ホンダの創業者本田宗一郎は、「私はいつも、会社のためばかりに働くな、ということを言っている。自分のために働くことが絶対条件だ。一生懸命に働いていることが、同時に会社にプラスとなり、会社をよくする」と言った。この言葉から推測すると、本田は李広型だったのではないだろうか。

李広と程不識、どちらがいいとは一概に言えないが、両者のマネージメントを上手く組み合わせることで生き生きとした強い組織になるのだろう。当然ながら、自分がどちらであるかをよく自覚してマネージメントすべきであることは間違いない。

まとめ

・放任型、管理型、どちらがいいとは言えない。両者の組み合わせが強い組織を作る。

「孔子の考えるリーダーのあり方」

仁者《じんしゃ》は憂《うれ》へず
孔子『論語』

リーダーとはどのような人物のことを言うのだろうか。孔子はリーダーのあり方を弟子から問いかけられ、ある時は仁者、ある時は君子、そしてある時は士、と答えている。それぞれについて説明しよう。まずは仁者についてだ。

「仁者は憂へず」と孔子は言った。人の道を極めた人、思いやりのある人を仁者と言う。仁者をリーダーと考えれば「憂へず」とはいったいいかなることを言うのか。それは嘆き悲しんだり、憂鬱になったりすることがないということだけではない。仁者は、私欲がなく、天の意思に従っているから余裕があり、何よりもユーモアがあるということだ。

すなわちリーダーとは、どんな厳しい状況に置かれても、嘆き悲しむことなく、楽天的で、ユーモアがあり、人々に勇気を与え、導くことができる人だと孔子は言う。

ユーモアを利用した戦い方

スペインのサッカーチーム、FCバルセロナに所属するブラジル代表のダニエウ・アウヴェス選手は、客席からスタジアムに投げ入れられたバナナを拾って食べた。バナナは人種差別の象徴。相手をサルだと差別する意味を含んでいた。普通は、怒り、嘆き、差別した相手を攻撃するだろう。しかし、彼は、馬鹿な奴にはユーモアで対抗するのが一番だと考え、バナナを食べるというパフォーマンスを行った。この行為は、世界で称賛され、バナナを食べることが人種差別と戦う象徴的行為となった。ダニエウは、素晴らしい仁者であると言えるだろう。人種差別という悪辣な行為に嘆きや怒りではなくユーモアで対抗したのだから。

孔子の考える、リーダーに必要な「恭敬恵義」

次に、君子については次のように言っている。

「其《そ》の己を行ふや恭」に続けて「其の上《かみ》に事《つか》ふるや敬、其の民を養ふや恵、其の民を使ふや義」。

その意味は、自分の行いに謙虚（恭）であり、上の人を敬い（敬）、人々を愛し慈しみ（恵）、正しく導く（義）人物だということだ。

リーダーは、「恭敬恵義」の徳目を備えていなければならないと言うのだが、これはなかなか難しい。謙虚な人柄で、上を敬い、人々を慈しみ、正しく指導することができる人は、まさに聖人だ。孔子も、このような素晴らしい人はほとんどいないことは百も承知に違いない。私たちは、これらの四つの徳目のうち、一つでも身につけられればいいのではないだろうか。そう思うと楽でいい。中でも私が最も重要だと考えるのは謙虚（恭）だ。誰でも、またどんな組織も謙虚さを忘れ、傲慢になった時に失敗をする。「傲慢病」が組織を滅ぼすのだ。

三番目は士だ。子貢という弟子から士とは、と問われた孔子は次のように答えた。

「己を行うて恥あり、四方に使いして君命を辱めざる、士と謂《い》うべし」

これは、「志を立て、命懸けで責任を果たし、恥になるような行いをしない。国家使節として本国を出て諸国の諸侯たちの下に向かえば、君主の命令を立派に果たし、その名を辱めることがないような人物なら、士と言ってよい」という意味だ。己という全身全霊をかけて君命を果たす努力をする。絶対にその命令を実行し、他国を説得するのだ。失敗は許されない。君命を辱めるようなことになれば、己が最も恥ずかしい。もしそんな事態になれば死して謝罪するという覚悟に満ちている。孔子の生きた春秋時代は、晋《しん》、楚の二大強国と多くの国が乱立し、存亡をかけて戦っていた。ちょっとでも油断をすると、国が滅ぼされてしまう。その状況の中にあって君命を受け、使者として他国に行き、相手国を説得できなければ、死ぬ覚悟だった。そこで「己を行うて恥あり」となるのだ。

その次はと孔子は問われ「同族からは『孝』と言われ、地元からは『弟』と言われる人物」、そして「言うことは信頼でき、行動をやり遂げる人物は、見識などが小さい人物でもよい」と答える。愉快なのは、その後だ。では現在の政治に関わっている人たちはどうでしょうかと問われると、「噫《ああ》、斗筲《としょう》の人、何ぞ算《かぞ》うるに足らん」と大いに嘆くのだ。

斗筲の人とは、斗も筲も計測する容器、すなわち升で測るような、十把一絡げのような小物ばかりで数えるまでもない人という意味である。今も昔も政治家には「行己有恥」的な人材は乏しいようだ。どの人物も言い訳、言い逃れ、責任回避ばかり。現世を上手く渡ることばかりに汲々としている。孔子の嘆きは、現代の私たちの嘆きと同じだ。

人生にはいろいろなことが起きる。言い訳や責任回避を考えたり、弱気になったりもする。そういう時はこの言葉を思い浮かべ、恥になるような行為をしないと思い定めてほしい。

まとめ

- **リーダーとは、全身全霊をかけて使命を果たし、失敗しても言い訳や責任回避をしない人物。**

部下が自然と集まる上司、集まらない上司

之《これ》を道《みち》びくに徳《とく》を以《もっ》てし
孔子『論語』

どの会社にも部下に慕われていると勘違いしている上司が多い。部下が自分の命令に従ってくれるので、そのように勘違いしてしまうのかもしれない。だが、部下があなたの命令に従うのは、あなたの「徳」のおかげだろうか？　それとも「地位」のせいだろうか？　多くの場合、部下があなたの命令に従うのは、あなたに「地位」があり、従わない時に下される罰が怖いからだ。

孔子は次のように言っている。

「之を道くに政を以てし、之を斉《ひと》しうするに刑を以てすれば、民免れて恥なし。之を道くに

徳を以てし、之を斉しうするに礼を以てすれば、恥ぢ且つ格《いた》るあり」

これは、「民を導くのに法律を制定し、それに違反した場合、刑罰を加えるようにすれば、民は刑罰を逃れようとすることを恥ずかしいと思わない。徳で導き、間違いを起こした者に礼という秩序で対応すれば、悪事を恥じ、自分を正すだろう」という意味であり、孔子の徳治主義を表す言葉だ。

孔子は、リーダーの要件として「徳」を重んじ、次のようにも言った。

「政を為すに徳を以てすれば、譬《たと》へば北辰其の所に居て而《しか》して衆星の之に共《むか》ふが如し」

この意味は、「リーダーに『徳』が備わっていれば、北極星のように動かなくても人々が集まってきて、自ずと従う」ということだ。

徳とは何か？

それではあらためてこの「徳」とは何か考えてみたい。

福沢諭吉は、著書『文明論之概略』において「徳」はモラルであり、心の行儀だと言った。福沢は、その「徳」に対するものとして「智」を挙げている。智とは、インテレクト（知性）で事物を考え、理解し、合点するものであり、福沢は、「徳」と「智」を対比し、「徳」のようなあいまいで静的なものより、「智」のように科学的で動的なものが優位であるべきだと主張した。科学的思考で世の中を変えようと考えていた福沢ならではと言えよう。

だが、孔子にとって、「徳」とは、人智を超えた力のようなものだったのではないだろうか。

例えば、中国前漢時代の名将李広将軍が「桃李言わざれども下自ずから蹊を成す」と言われたように、部下たちが喜んで死んでいくような全人格的な力を「徳」と呼んだのだろう。日本で言えば、西南の役で自決した西郷隆盛のような人物も、「徳」を備えていたからこそ部下たちが彼のために喜んで戦い、死んだのだと思う。

だが、こんな「徳」パワーは並の人では身につかない。ならばどうすればよいのだろうか?

徳が無い場合はどうするか?

「其の身正しければ、令せずして行はる。其の身正しからざれば、令すと雖《いえど》も従わず」と孔子は言っている。「リーダーが正しい行いをすれば、命令しなくても部下は従うが、正しい行いをしなかったら、命令しても誰も従わない」という意味だ。

これなら分かりやすいし、あなたにもできるだろう。会社の中で正しい行いとは、「自分で言ったことは断固として実行する」「出張費はごまかさない」「経費で飲んだりしない」などなど。上司としてのあなたの振る舞いが、部下から見て尊敬されるかどうかということに尽きる。尊敬されないようなことはやるなということだ。そのように行為を慎んでいれば、部下は自然とあなたに従うだろう。

ある時、部下を飲み会に誘った上司がいた。部下は、てっきり上司のポケットマネーでのおごりだと思い、感謝した。ところが上司はレジに行き、こっそり領収書を受け取っていた。それを見た部下は、がっかりして、その上司の人格まで否定してしまったという。その身が正しくない上司だったわけだ。

今は、コンプライアンスや罰則で縛りつけなければ、誰も働かないと思っている人が多い。しかし、そんなもので縛らなくても部下は従うのではないだろうか。そのキーワードは、孔子の言う「其の身正しければ」だ。リーダーが全責任を負い、率先垂範して苦労しなければ、部下が仕事をするはずがないではないか。

「徳」は無くとも、その身くらい正しくありたいものだ。

まとめ

・「徳」は無くともリーダーは「其の身正し」くあるべき。部下はあなたの一挙手一投足を見ている。

「勝つためのモチベーションアップ術」

将《しょう》は国《くに》の輔《ほ》なり。輔《ほ》、周《しゅう》なれば、則《すなわ》ち国《くに》必《かなら》ず強《つよ》く

孫子『孫子』

会社に所属している限り、個々の力だけではなく、上司部下を含めたグループ全体の力も必要である。特に上に立つ者にとっては、グループ全体の力を上げるために部下のモチベーションを上げることは非常に重要な事柄だろう。そのためにどういうことをしなければならないのだろうか。戦いに勝つためのノウハウが書かれた書物『孫子』の言葉を見てみよう。

勝つための「五事七計」

孫子は、勝つためには「五事七計」が必要だという。「五事」とは、道、天、地、将、法。

「七計」とは、主、将、天地、法令、兵衆、士卒、賞罰のことである。

五事については、この中で注目すべきは「道」である。ミッションやモラル、大義、平たく言えば世のため人のために戦うのかということだ。なんのために戦うのか、なんのために仕事をするのかということを部下に理解してもらうことが重要なのだ。あなたが決して自分の出世のためだけに働いているんじゃないことを理解してもらわねばならない。もう一つは、賞罰だ。これは公平さが必要とされる。努力は公平に報われねばモチベーションは下がってしまう。その他にも、孫子の言葉の中で、部下のモチベーションアップに効果的な言葉を紹介しよう。

部下を褒める

「敵に勝ちて強を益《ま》す」とは、勝ってますます強くなるということだが、そのためには「先ず得たる者を賞し」なければならないという。成果を上げた部下はまず褒めてやることが大事だということだ。人は叱られて成長するのか、それとも褒められて成長するのかと問われると、答えは人によってそれぞれ異なるだろう。しかし一般的には褒められる方が成長すると言われている。人には認められたいという欲求があるからだ。褒めることで部下は認められたと思い、必ずモチベーションがアップする。

部下に任せる

「将は国の輔なり。輔、周なれば、則ち国必ず強く」。これは、君主と将軍の関係が上手く行っていれば、国は強いという意味である。要するに何も知らないのに君主は余計な口出しをするなということだ。ころころと方針を変えたり、思い付きの指示をしたら部下は迷うばかりでやる気をなくす。部下を信用し、仕事を任せることが重要だ。

チームワークで戦う

「善く戦う者は、これを勢に求めて人に責《もと》めず」とは、一人の人間に過剰に期待しないでチームワークで戦うことを意味している。リーダーは、一部の優秀と言われる部下ばかり頼りにしないで落ちこぼれやスケープゴートを作らないようにし、チーム全員で目標に向かって戦えるような環境を整えることが必要だ。

部下を怒鳴るな

「先に暴にして後にその衆を畏るるは、不精の至りなり」。部下を怒鳴ったり、乱暴に扱っておきながら、後で離反するんじゃないかと心配するのは、自らの不明の極みだということだ。部下を怒鳴り、萎縮させる前に、よいところを見つけてやることが大事だ。

部下を愛する

「卒を視ること嬰児《えいじ》のごとし」「卒を視ること愛子のごとし」。自分の部下を赤ん坊や我が子のように愛おしく扱うから部下は喜んで行動を共にし、喜んで死んでくれるのだという。本気で部下を愛するというのは、上司が共にリスクを背負って率先垂範して戦うことだ。後方の弾に当たらないところで、命令だけしているようではいけない。

まとめ

- **リーダーが勝利するためには「五事七計」を身につけよ。**

『史記』に見る、勝つためのモチベーション

一旦《いったん》の功《こう》、万世《ばんせい》の功《こう》
司馬遷『史記』

中国の歴史書である司馬遷の『史記』に書かれている、戦いに勝つためのモチベーションを上げる方法をいくつか見てみよう。

裏方の部下を評価する

「一旦の功、万世の功」。前漢の高祖・劉邦は、天下統一の論功行賞（功績の有無や大きさの程度に応じて賞を与えること）の席で、兵站《へいたん》を担当した人物を第一番にした。兵站とは、戦闘の後方で軍需品の補給などを担当することだ。兵站は華やかではないが、それがなけれ

ば戦いに勝てない。戦闘での貢献は一旦の功、つまり一時的な功績であって、兵站での貢献は万世の功、すなわち長期的な功績と考えたからだ。職場でも華やかな営業成績を上げる者ばかり出世させてはいけない。もっと裏方に目を向けてみよう。

自信を持って行動する

「疑行は名なく、疑事は功なし」。法家の商鞅《しょうおう》は秦の孝公に対して「国政の改革は自信を持って断行するに限る」と進言した。トップが迷っていては部下はついてこない。職場でもトップは迷いなく部下に指示を与えることが必要だ。

部下を認めること

「士は己れを知る者のために死し」。春秋末期、晋の予譲は自分を重用してくれた智伯の仇討ちのために彼を滅ぼした趙襄子《ちょうじょうし》を執拗につけ狙う。その予譲の心境が、前文の通り、自分を評価してくれた人のために死ぬことが真の武士だというものだ。部下は上司に認められたいと思って仕事をしている。まずは部下を認めようではないか。

多様な部下を登用する

「太山は土壌を譲らず」。秦の始皇帝に仕えた李斯《りし》は楚の出身。他国者として排斥されそうになった時、始皇帝に「多様な人材を使いこなしてこそ天下を治めることができる」と、太山を例にして進言したのがこの言葉。太山はひとくれの土も捨てないからあの威容を保っているというわけだ。気にいった部下ばかり登用したり、エリートばかりで組織を作っていてはいけない。多様な人材を使いこなしてこそ組織は活性化する。

部下からの耳障りな意見も傾聴する

漢の劉邦が項羽と天下統一の戦いを繰り広げている時、部下の張良が劉邦に「忠言は耳に逆らえども行ないに利あり」と言った。注意されたり、諫言されたりするのは不愉快だが、それを聞き入れて実行すれば利益があるという意味だ。これは孔子の言葉に由来しているという。劉邦は、この言葉を聞き入れ、先に占領した秦の都、咸陽《かんよう》から退去した。なんでも意見を言えと部下に促すが、自分の気にいらない意見を言った部下を重用する人は少ない。ここから「良薬は口に苦し」の諺もできた。

部下に率先垂範する姿勢を見せる

「まず隗《かい》より始めよ」。燕の昭王は、有能な人材を集める方法を郭隗《かくかい》に尋ねた。彼は前文の通り、自分のような才能の無い者を重用したら、人材が集まると進言した。この進言を受け入れたところ、人材が集まったことから、率先垂範、言いだしっぺから始めることの喩《たと》えとなった。上司は、まず自分が動かなければならない。

「やってみせ、言って聞かせて、させてみせ、ほめてやらねば、人は動かじ」「話し合い、耳を傾け、承認し、任せてやらねば、人は育たず」「やっている、姿を感謝で見守って、信頼せねば、人は実らず」。これは海軍元帥山本五十六の言葉だが、やっぱり大人物はよいことを言う。まさにモチベーションを上げるにはこの通りにすべきだ。

まとめ

・リーダーは、「一旦の功、万世の功」の意味を噛みしめよ。

老子が考えるリーダーとは？

人《ひと》を治《おさ》め天《てん》に事《つか》うるは、嗇《しょく》に若《し》くは莫《な》し

老子『老子』

孔子と並ぶ聖人に老子がいる。人物は特定されていないようだが、その思想は道教となり、禅にも繋がり、日本人の生き方や考え方に大きく影響を与えている。

孔子は仁義道徳を説いたが、老子は無為自然に生きることを説き、その対極にあると言われている。

老子は「大道廃れて、仁義有り」（真実の道が廃れてしまったから、仁義などの儒教が説く道が流行っているのだ）と批判しているほどだ。

さて老子が考えるリーダーとはどのようなものだろうか？

ケチが徳への近道？

「人を治め天に事うるは、嗇に若くは莫し」と老子は言う。

吝嗇、つまりケチ、ものおしみすることこそ国を治め、安全に保ち、永続させる道だというのだ。

「ケチくさく生きるのがリーダーだ」というよりも「とにかく無駄なことをするな」「節約して、つつましく生きろ」ということ。「ものおしみの徳」を意味しているのだろうか。

老子は、この言葉に続けて、「ものおしみをすれば、余計な欲も無くなり、早く大道を歩むことができ、徳を積むことも可能になり、それで国も治めることができる」と説く。

この言葉を政治の場で考えると、派手なパフォーマンスばかりせず、実直に成果を積み重ねることが、国家国民のためになり、それを行うのが真のリーダーだということだろう。

あなたが会社を経営していたり、部下を持つ身だったら、一つ一つ着実な実績を積み上げろということになるだろうか。そうすれば自然とリーダーとしての「徳」が備わるということなのだ。

失敗しやすい時とは？

また老子は「大国は下流なり」とも言う。この意味は、大国というのは、世界中の流れが集まってくる大河の下流と同じということだ。この後は、次のように続く。

大きな国であっても小さな国に対して謙虚な態度でへりくだっていれば、小さな国が自然と従ってくれる。反対に小さな国は大きな国にへりくだっていると、大きな国が保護してくれる。したがって大きな国も小さな国も平和を保ちたいならお互いへりくだる必要があるのだが、中でも大きな国はよりへりくだる必要がある。こんな意味の言葉だ。

最近の中国の日本やベトナムなどに対する威圧的な動きを見ていると、この言葉をそのまま返したくなってしまう。「中国の聖人が言っていることと、今の中国のやっていることは全く反対だよ」という言葉を添えて。

この言葉は国ばかりではなく、リーダーや企業にもそっくりそのまま当てはまる。

要するに謙虚、謙遜、へりくだる姿勢が重要だということ。まさに「実るほど頭を垂れる稲穂かな」だ。

私たちが失敗するのは、いつでも傲慢になった時だ。競争に勝ったり、相手を見下したりした時に間違いを起こす。これを傲慢病と言うのだ。

大銀行は、中小企業や個人に対して貸しはがしをしたり、貸し渋ったりしていたために信用を失い、バブル崩壊で破綻し、国家管理にならざるを得なくなった。これなどは傲慢のなせる業だ。中小企業や個人を見下し、大企業や大きな取引をする客ばかり相手にしたから、罰があたったのだ。

老子は、どんな時も着実に実績を積み、欲張らず、謙虚な姿勢を崩さないことがリーダーの取るべき道だと言っているのだろう。

まとめ

- **リーダーは、「ものおしみの徳」を積むこと。派手な実績を追うより、着実な実績を積み重ねれば、部下はついてくる。**
- **リーダーは偉くなればなるほど、企業は大きくなればなるほど、傲慢は大敵である。**

部下の何を満たすのがよいのか？

食《しょく》を足《た》し、兵《へい》を足《た》し、民之《みんこれ》を信《しん》ず

孔子『論語』

部下から信頼を得るということは、部下を率いて働く人間にとっては欠かせない要件の一つである。だが、お互い人間性が異なるので、不満が生じることが多々ある。その場合、部下の心を掴むために部下が欲しているものを満たしてあげることは、信頼獲得への近道となる。

では何を満たしてあげるのが一番よいのだろうか。その問いに対して適した孔子のエピソードを紹介しよう。

孔子は、弟子から政治とは何かと問われて、「食兵信」、すなわち食と安全保障と政治への信頼を満たすことだと答えたという。

弟子は、「食兵信」のうちどれかを捨てなくてはならないなら、どの順に捨てるのかとさらに問いかける。孔子は兵、食の順であり、信は捨ててはならないと答える。ここで有名な「信なくば立たず」という発言になっていく。食よりも兵よりも政治への信頼が失われれば国が滅びるということだ。多くの政治家が「信なくば立たず」と口にする由縁だが、残念なことに今もって政治への不信は募ることはあっても信頼が大きくなることはない。

この言葉は、全てのリーダーに当てはまる。あなたがチームリーダーであれば、部下のあなたへの信頼が無ければチームを率いていくことはできない。まさに信なくば立たずだ。

しかし、よく考えてみると、この言葉は、食を満たし、兵を満たしてこそ人々は政治を信頼するという意味にも解釈できないだろうか。そうなるとあなたはリーダーとして「食」と「兵」を満たさなければ「信」は得られないということになる。

それでは「食」とは何か? それは報酬、ポスト、昇進などだろう。部下は、いつも働きに見合う公正な評価を期待している。あなたは部下の働きを公正に評価し、報酬やポストや昇進などで報いてやらねばならない。期待に沿わなければあなたに従う部下はいない。

「兵」とは何か? それは部下の安全ということ。すなわち他からの攻撃を防いでやることだ。社長や役員から仕事の遅れやミスを叱責された場合、部下に責任転嫁をしたり、後からぐじぐじと小言を言ったりしたら、あなたは終わりだ。

「食を足し、兵を足し、民之を信ず」とは、まさにあなたのリーダーとしてのあり方を問う言葉だと言えよう。

あなたは常に見られている

さらにまた孔子はリーダーとしてのあり方について次のように言っている。

「『之に先んじ、之に労す。』益を請ふ。曰はく、『倦《う》むこと無し。』」と。

人々を導くには、自分が率先して善行を積まねばならない。また人々に熱心に働いてもらいたければ、自分が一番働かねばならない。さらにもっといい答えはないかと問われ、「飽かず、倦まず、日々努めることだ」と孔子は言う。

リーダーというのは、常に部下から見られていることを意識しなければならない。あの人があんなに頑張っているのだから、俺たちも頑張ろう。これが部下の気持ちだ。リーダーは「之に先んじ、之に労す」の姿勢で何事も率先垂範しなければ、部下はついてこない。

先頭で一番苦労すること。ノーブレス・オブリージュだ。高い地位の人は、一般の人より道徳的、精神的義務を負わねばならない。しかし、どれだけのリーダーがそんなことを考えているだろうか。問題が起きれば、部下に責任を押し付け、どこかへ姿を消してしまう人が多いのではないだろうか。

私はそんな上司に仕えたことがある。勤務していた銀行が不祥事に揺れ、その解決に奔走していた時、上司が目の前から消えたのだ。相談しようと探しても見つからない。彼は、まるで忍者のように姿も気配も消し、再び現れたのは、不祥事の解決の方向が誰の目にも明らかになってからだ。姿を見せた彼は、まるで最初から渦中の人であったかのように振る舞った。彼の言った言葉がふるっている。

「後は私に任せなさい」

この言葉にはあきれ果ててしまった。彼への信頼を喪失したのは言うまでもない。

また、率先垂範の姿勢を倦むことなく継続することも大切だと孔子は言う。

リーダーは、何事においても「倦む」、すなわち嫌になったり、飽きたり、諦めてはいけない。リーダーが「倦む」姿勢を見せれば、部下はもっと「倦む」だろう。

まとめ

- **部下を公正に評価し、その仕事に報いてやり、責任を転嫁しないこと。**
- **リーダーは率先垂範の姿勢を倦むことなく継続しなければならない。リーダーの姿勢が崩れたら、組織は崩壊する。**

リーダーに必要とされる〝聞く力〟

若《し》かざれば則《すなわ》ち能《よ》くこれを避《さ》く

孫子『孫子』

リーダーが物事を判断する中でも一番難しいのが、撤退の判断だ。

企業はお互い市場という戦場で戦っている。市場を早く、大きく占めた方が勝利する。そこではしばしば合従連衡が行われる。かつての録画機器を巡るベータとＶＨＳの戦いも激しかった。結果はＶＨＳ派が勝利を収め、ベータに固執した側は大きな損失を被った。

勝利が見込めなくても戦いに突き進む姿勢が大事だとか、撤退は恥だとか言う人もいるかもしれない。しかし、古典の中で戦い方の神様として有名な孫子は、別の見方を提示している。孫子は、勝算が無ければ戦わないことを重視した。やみくもに玉砕するなど無謀な作戦は下の下だという。戦争のやり方として、敵の一〇倍の兵がいれば包囲する、五倍ならば攻撃する、二倍ならば分断する、互角なら必死に戦い、少ないなら退却する、そして「若かざれば則ち能くこれを避く」、すなわち勝算がないと見たら戦わない。少数の兵しかないのに強気に戦いを挑めば、大軍の餌食になるだけだからだ。これが孫子の考え方だ。孫子は一時的な撤退は恥ではなく、捲土重来を期せばいいと考えているのだろう。

進むべきか退くべきか、このような時、リーダーは「耳」を持たねばならない。それによって退くべきという部下の意見や、敵が思いのほか強いという情報を耳にすることもあるかもしれない。しかし、自分のプライドを傷つけるような情報にも謙虚に耳を傾けて冷静な判断をすることこそリーダーに求められている能力だ。

「聞く力」で中国を統一できた劉邦

司馬遷の『史記』によると、前漢の高祖・劉邦は、耳が大きく、人の意見を聞く力を持っていたようだ。

劉邦が、項羽を破って天下を取った時、部下に向かって、

「天下を取った理由は何か」

と問いかけた。部下は、

「陛下は気前がよい。一人占めにされないからです」

と答えた。すると劉邦は、

「貴公らは一を知って二を知らない。いいかな。惟幄《いあく》（作戦計画を立てる本陣のこと）のなかに謀をめぐらし、千里の外に勝利を決するという点では、わしは張良にかなわない。内政の充実、民生の安定、軍糧の調達、補給路の確保ということでは、わしは蕭何《しょうか》にかなわない。百万もの大軍を自在に指揮して、勝利をおさめるという点では、わしは韓信にかなわない。この三人はいずれも傑物といっていい。わしは、その傑物を使いこなすことができた。これこそ、わしが天下を取った理由だ。項羽には、范増《はんぞう》という傑物がいたが、かれはこのひとりすら使いこなせなかった。これが、わしの餌食になった理由だ」（司馬遷『史記4』徳間文庫）

と答えた。

劉邦が、戦国の世を制して、天下を統一し、漢を樹立できたのは、自分の足りないところを知って、人材を登用し、その意見を聞き入れたことだという。劉邦がリーダーとなりえた第一の素質は「聞く力」ということになる。

『水滸伝』宋江が持つリーダーの能力とは？

中国の小説『水滸伝』の主人公・宋江は、他の登場人物と比べて決して傑出した能力を持っているわけではない。中庸の人と言われ、言わばバランス感覚に優れた人物として描かれている。

彼は、戦いに臨んだ際、作戦参謀の呉用など部下の意見に「私と全く同じだ」と、賛同を与える。決して自分の考えをごり押ししない。危機に直面した時、宋江は、いつでも彼らの意見に耳を傾け、その意見に従った行動を取り、危機を乗り越えていく。宋江の姿勢は謙虚で、時にどちらがリーダーか分からなくなるほどだ。そんな宋江の姿勢に部下たちは心酔し、命を捧げる。彼が部下の意見を採用することで部下のモチベーションが向上しているのだ。

リーダーには「聞く力」が必要だ。謙虚に部下の意見に耳を傾けてこそ、活路が開けるのである。

まとめ

- **謙虚に部下の意見に耳を傾け、作戦を変更することは、恥でもなんでもない。むしろその方が部下のモチベーションを上げるだろう。**

「人を育てるとはどういうことか」

三十《さんじゅう》にして立《た》つ

孔子『論語』

論語の中の最も有名な言葉に「吾れ十有五にして学に志す。三十にして立つ。四十にして惑わず。五十にして天命を知る。六十にして耳順《した》がう。七十にして心の欲する所に従って、矩《のり》を踰《こ》えず」というのがある。

これは人間としての成熟を表現した言葉だ。それぞれの年齢に達するべき人間としての水準が示されている。

四〇歳のことを不惑と言うのもここから来ているのだが、この年齢になると、会社でも家庭でも責任がずっしりとのしかかってきて、とても不惑などと言っていられない。むしろ迷ってばかりというのが実態だ。

日本と海外――新入社員の大きな違い

この言葉を人材育成の観点から見てみよう。

アジア取材で面白い話を聞いた。インドネシアでのことだ。インドネシア人の若者が日本企業の採用面接を受けた時、「私の五年後のキャリアはどうなっているでしょうか?」と日本人の採用担当者に聞いた。

日本人の採用担当者は目を白黒させて驚いた。なぜなら入社してもいないのに「五年後」を聞かれたからだ。

「私の五年後だって分からないのに君の五年後が分かるはずがない」

日本人の採用担当者は少々憤慨して答えた。

日本人の場合、新卒の入社とは、白無垢の花嫁衣装を着たようなものだ。あなた色、すなわち会社の言いなりに染まりますのでよろしくお願いしますという姿勢で、キャリアプランの要求など全く考えも及ばない。会社は、新卒社員を好きなように育てる全面的な権限を持っているかのように振る舞う。

しかし、アジアなど海外では違う。企業の採用面接を受ける際、明確なキャリア志向を持って入社して来るのだ。

まさに「三十にして立つ」だ。入社してキャリアを積めば、三〇歳で独立またはステップアップする転職を考え、四〇歳である一定の地位を築き、そのまま働き続けるかどうかを決めるというのが一般的なのである。

キャリアプランがはっきりしない日本企業にはよい人材が入社してくれないと現地人材コンサルタントは言う。

これから人材は、よりグローバルになっていく。その際、人を育てるということは、「三十にして立つ」というようなキャリア志向に如何に応える体制を整えるかにかかっている。「あなたが我が社に入社すれば、このようなキャリアを経てステップアップすることができます。それに応えられるように努力してください」と明確にキャリアプランを示し、それに対しての努力義務を課する方がすっきりしていると言えるだろう。

日本企業のようにどれだけ働いても、成果を上げても、いったい自分は何で評価されているのかあいまいで分からない、質問しても上司はまともに答えてくれないというのはグローバルでは異例なのだ。

「人を誨えて倦まず」

孔子は、「道理について教えを乞い、それを心にとどめて口に出さないようにしたり、飽くことなく学んだり、人に対して道理を教えることに疲れ、嫌になることが無かったりすることはまだまだ自分に備わっていない」と謙遜している。

しかし孔子ほど弟子の教育に心血を注いだ人はいない。だからこそ彼の言葉が『論語』として今日まで残っているのだ。

人を育てるということで孔子に学ぶとすれば、この「人を誨《おし》えて倦まず」という姿勢だ。縁あってあなたの部下になった若者に対して倦むこと、すなわち飽きたり、嫌になったりすることなく育てる努力をしよう。それに勝る喜びは無いと思うことだ。その際、注意すべきは、彼らに「三十にして立つ」というような明確なキャリアプランを提示してやるべきだ。ただ頑張れと尻を叩くだけでは人を育てることはできない。

まとめ

- **グローバル化した現代では、人を育てるには明確なキャリアプランを提示する必要がある。**

第4章

自分の居場所を獲得するための社内処世術

社内政治の波を乗りこなす

「顔を見るのも嫌な人間が上司になったら」

士《し》は己《おの》れを知《し》る者《もの》のために死《し》し
司馬遷『史記』

司馬遷の『史記』に「士は己れを知る者のために死し、女は己れを説《よろこ》ぶ者のために容《かたちづく》る」という言葉が出てくる。

春秋時代に晋国では六人の実力者が覇を争っていた。予譲という男は二人の実力者に仕えたが、あまり認めてもらえなかった。三番目に仕えた智伯は彼を認めたのだが、趙襄子に滅ぼされてしまう。そこで予譲は、「士は己れを知る者のために死し、女は己れを説ぶ者のために容る」と言い、四人に身を落としてまで、何度も智伯の仇を討とうと、趙襄子をつけ狙う。しかし失敗し、自刃する。

「褒める」と「甘やかす」の違い

私たちは、誰でも人から認められたいという気持ちがある。

人は、褒められて伸びるのか、叱られて伸びるのかという問いかけがあるが、私はいつも褒められて伸びると答えるようにしている。褒めるのは甘やかすのではない。その人を認めることなのだ。

太平洋戦争時の名将山本五十六の言葉にも「やってみせ、言って聞かせて、させてみせ、ほめてやらねば、人は動かじ」とあるが、部下を慈しみ、彼らを認めたからこそ名将として尊敬されたのだろう。

私も、私のことを認めてくれたA上司には予譲のような気持ちを抱いた。彼とはいろいろな場面で仕事をすることになったが、私は、死ぬ気で仕えた。すると不思議なもので私の評価は上がった。A上司に倣って私も部下を認めるように努めた。すると私の部下は、ある困難な問題に直面した時、「死んだっていいです。命懸けで仕事をさせていただきます」と言ってくれるようになった。私は、部下を認めることで上司と部下の関係が、とてもよい循環になっていくのを実感した。

サラリーマン人生では、どんな上司に仕えるか分からない。上司は部下を選べるが、部下は上司を選べない。悪い上司に仕えるのは不幸、よい上司に仕えるのは幸せだが、その時の仕え方次第であなたの人生が決まってくる。

人に仕えるとはどういうことか？

それでは人に仕えるとはどういうことなのか考えてみよう。

孔子は次のように言う。

「君君たり、臣臣たり、父父たり、子子たり」

孔子は、斉の景公から政治とは何かと問われ、君子は君子の道を尽くし、臣下は臣下の道を尽くし、父親は父親の道を尽くし、子は子の道を尽くすことだと答えたのだ。

景公の治世は乱れていたのだろう。だからそれぞれがきちんと役割を果たすべきだと孔子は諫めたに違いない。

この言葉に企業経営者や従業員は学ぶところが多い。「経営者は経営者の道を尽くし、従業員は従業員の道を尽くす」と読めるからだ。

この「道」はそれぞれの解釈だが、経営者なら従業員を我が子のように慈しみ、彼らの幸せを第一義に考えねばならない。従業員なら、経営者の指示を忠実に守り、会社の信用を引き上げるように日々精進しなければならない。そのように経営者と従業員が一体となってこそ会社の発展はある。「君君たり、臣臣たり」が乱れれば、会社の発展は無い。自分が「君君たり、臣臣たり」であるか、自らに問いかけてみよう。従業員の愚痴をこぼしたり、上司の悪口を言うのはそれからでも遅くはない。

まとめ

・認めることで部下は意欲を出す。

誘惑に負けそうになったら

五色《ごしき》は人《ひと》の目《め》をして盲《もう》ならしむ

老子『老子』

社会生活を営む中で、誘惑というのは、自分の心をかき乱す大きな要因だ。下手をすると、それによって人生を全て狂わされるということもある。

老子は、ありのまま、自然に生きることの達人だが、彼は人間の欲望について「五色は人の目をして盲ならしむ」と言っている。溢れかえるほどの色は、人の目をつぶすという意味だ。

続けて五音は聾《ろう》になり、五味は味覚をダメにし、歓楽は人の心を狂わせ、宝玉、珍宝は人の行動を誤らせると言う。だから聖人と言われるような人は、外のものを打ち捨て、自分の心の中の真実を探るものだと教える。

人は美しいものや心地よい音楽、美味しい料理、楽しい遊び、宝石などに誘惑され、心を奪われてしまう。しかし、それらは全て外を飾るものだ。それらを捨て去ってこそ真実の安寧が得られると言うのだろう。

誘惑に負けそうになった時

そうは言うものの、人から欲望を拭い去るのは難しい。欲望があるから人間は働いたり、勉強したりするものだからだ。

正当に努力して自分の欲望を満たすなら問題は無い。しかし「誘惑」され、邪念で欲望を満たすのは問題だ。

古い諺にも「李下に冠を正さず」（古楽府「君子行」）というのがある。李《すもも》が実っている木の下で冠を直すと、李を取っていると疑われる。だから君子は疑いをかけられるような振る舞いをしてはならないという意味だ。

明治の実業家、渋沢栄一は著書『論語と算盤』の中で、「正に就き邪に遠ざかるの道」と称して誘惑に負けない方法を説明している。

言葉巧みに言い寄られて自己の主義主張と反対のことをやらざるをえなくなったら、「頭脳を冷静にしてどこまでも自己を忘れぬように注意すること」「先方の言葉に対し、常識に訴えて自問自答してみること」。一時的には利益を得られるが、最終的には不利益が発生することがそれによって理解されるだろうと言う。要するに常識に照らして、自分の行動を自制、自省することが肝心なのだ。

もし欲望を刺激され、誘惑され、悪の道に引き込まれそうになったら、立ち止まり、冷静に自問自答することが大事なのである。

それでも心配なら、机の上や財布の中に、家族や恋人の写真を入れておき、誘惑に負けそうな時、こっそりと眺めてみたらどうだろうか。家族や恋人を不幸にしてまでも自己の欲望を満たすことに意味は無い。

聖書にもこんな言葉がある。

「たとえ全世界を手にいれても、自分自身を失ったり、損じたりするならば、なんの益があるだろうか」（「ルカによる福音書」『新約聖書』フランシスコ会聖書研究所訳注・サンパウロ）

イエスの言う通りだ。全世界を手に入れるという欲望が満たされても自分を失えばなんにもならない。

最近でも官僚が汚職で逮捕されるニュースを頻繁に目にするが、彼らは一時的には欲望が満たされたかもしれない。しかし、最終的には自分自身の地位も名声も失ってしまった。まことに愚かしいことだ。

自分自身は小人である

孔子は、「君子は義に喩《さと》り、小人は利に喩る」と言う。

君子は、正しい道を究めようとするが、小人は、利益ばかり追求するということだ。

私たちは、いつ何時、誘惑に負けるかもしれない。大過なくビジネスマン生活を過ごし、定年を迎えるのは非常に難しい時代になっている。どんな誘惑に巻き込まれるかも分からない。そういう災難に遭わないためには自分自身は「小人」であるという自覚を持って生きることが肝心かもしれない。

まとめ

- **誘惑に負けそうになったら、自分の常識に照らして、行動を自制、自省することだ。**
- **自らを「小人」と自覚することで利益ばかり追求することから逃れられる。**

社員は不真面目たれ

尾生《びせい》・孝己《こうき》の行《こう》ありて、而《しか》も勝負《しょうぶ》の数《すう》に益《えき》なくば、陛下《へいか》なんぞこれを用《もち》うるに暇《いとま》あらんや

司馬遷『史記』

アンデルセンの童話に「裸の王様」という話がある。王様が詐欺師に騙されて、見えない生地で作ったという服を着てパレードをする。真面目で忠実な部下たちは、王様が裸であるとは言えず、黙っている。そしてパレードが始まって、子供が「王様は裸だ」と叫ぶという話だ。

王様に真実を伝えない部下たちは、真面目で忠実かもしれないが、王様の権威を失墜させる原因となっている。一方、子供を不真面目な部下だとすると、彼は王様に真実を伝え、王様の目を覚まさせるのだ。

不真面目社員の効用

不真面目社員、それはだらしない社員、嘘つき社員ではない。自分の頭で考え、責任を持って発言する社員のことだ。そんな社員が一人でもいれば、会社は不祥事や業況の悪化からも免れることができるだろう。

「尾生・孝己の行ありて、而も勝負の数に益なくば、陛下なんぞこれを用うるに暇あらんや」

これは前漢の高祖・劉邦に仕えた陳平に関するエピソードだ。陳平は、知謀、策謀に優れた人物だが、周囲から妬まれ讒言が劉邦の耳に入った。その時、魏無知《ぎむち》という、陳平を劉邦に紹介した人物が、劉邦に言った言葉だ。

魏無知は、劉邦に「陳平の才能を評価して、雇ったはずじゃないですか」と問いかけ、「くそ真面目な尾生・孝己みたいな奴を雇ったって、戦争には勝てません。（勝負の時に）そんな奴を雇う暇なんかありませんよ」と言ったのだ。

劉邦は、この諫言を聞き入れ、陳平を用いて、中国を統一した。

くそ真面目の代名詞・尾生

ここで注目は「尾生」という人物だ。

彼の性格をよく表しているエピソードがある。春秋時代の魯《ろ》の人である尾生は、ある日、女性と橋の下での密会を約束した。しかし、女は姿を現さない。その間に川が雨で増水したが、それでも彼は橋げたにしがみつき女性を待った。その結果、溺れて死んでしまった。

「尾生の信」といい、命をかけて約束を守ったと尊敬されている一方で、くそ真面目の代名詞にもなっている。尾生のような人物ばかりがいると、会社が不正にまみれたり、傾いたりするに違いない。

彼は、水嵩が増す中で橋げたにしがみついたが、真面目な社員は、会社が危機に陥っても、会社にしがみつこうとする。これはカリスマと呼ばれる経営者がいる会社ではもっと顕著になる。こうした会社では危機に陥れば陥るほど、社員たちは真面目にカリスマ経営者の言いつけを守ろうとする。そのために改革が遅れ、さらに会社はダメになっていく。

真面目な社員は、尾生のように橋げたにしがみつくだけなのだ。もし不真面目だったら、増水の危険を察して堤防の上で待ってみようとか、なぜ女性が来ないのかと疑問に思い女性の家に行ってみるとか、あるいはボートや浮き袋を持ってくるとか、もっと大掛かりなら川をせき止めるとか、何か対策を実施するだろう。それが女性、すなわち経営者の意向に逆らうことであっても、これらの対策が危機から会社を救うのだ。

第一勧業銀行や山一證券、オリンパスに不真面目な社員、上司の言うことに唯々諾々とは従わない社員がいて、その社員の諫言に耳を貸す劉邦のような経営者がいたなら、危機に陥らなかったかもしれない。

まとめ

- **不真面目な社員とは、上司の言うことに唯々諾々と従うのではなく、嫌われようと真実を諫言することができる社員のことだ。**

勝海舟的処世術

無《む》為《い》を為《な》し
老子『老子』

どうしても気の合わない人が上司になったり、仕事上の関係を持たねばならなくなった時には、どうすればよいか。一番簡単な方法、それは相手を好きになることだ。そうすれば、相手も自分を好きになり、二人の関係がよい方向に変わることがあるという。

あるアンケートによると、上司が好きな部下は、①積極的に新しい提案や挑戦をしたり、成長意欲がある、②頼ってくれる、よく話しかけてくれる、③いつも元気よく笑顔である、ということらしい。

これなら思った以上にハードルが低い。上司に「飲みに行きましょうよ」とか「相談があるんです」と親しく近づいたり、「おはようございます」と笑顔で元気よく挨拶するだけでいい。これだけで好きになってくれるなら簡単なことだ。

どうしても気の合わない人が上司になったら、上司を好きになろうと少し努力して「おはようございます」「相談があるんです」と親しく近づいていこうではないか。

相手を好きになる以外の方法

もう一つの気の合わない上司への対処方法は、のんびりと構えて、気にせず、本でも読んでいることだ。暗くならずに明るく振る舞っていれば、それだけでよい。
幕末に、西郷隆盛と諮《はか》り江戸城を無血開城し、江戸幕府の幕引きをした勝海舟が面白いことを言っている。上司との人間関係で悩む人にぴったりだ。
「マア、私などは、ズルイ奴というのでしょうよ。しかし、ソウ急いでも仕方がない。寝ころんで待つのが第一だと思っています」（『新訂 海舟座談』巌本善治編、勝部真長校注・岩波文庫）
勝海舟は、自分のことをズルイ奴と言う。焦っても、生き急いでもしょうがないと考えていたのだ。多くの明治の偉人たちが生き急ぎ、若くして死んでいく中で勝海舟は明治三二年まで生きた。享年七七。

現在の私たちは、結果を早く求め過ぎるから人間関係に悩むのだ。勝海舟の江戸人的生き方を参考にしたい。すぐにメールやラインの返信が来ないだけで腹を立て、相手を苛めるなど言語道断だ。

私の知人の中にも勝海舟に倣った人がいる。彼は、若い頃、どうしても気が合わない上司に仕えた。彼は悩んだ。そこで与えられた仕事はきちんとこなすが、それ以上無理はせず、本をたくさん読んだり、社外の人間関係作りに努力することにした。無理に上司に合わせようとしなかったのだ。

その後、その時に蓄えた知識や開拓した社外の人間関係が役立ち、彼は出世し、トップになった。こう考えると、人間にとって順境も逆境もないのかもしれない。その時をどう過ごすかにかかっている。

一番やってはいけないこと

気の合わない上司、嫌な上司、怖い上司だからといって、怯え、萎縮してしまい、①嘘をついたり、②無断欠勤や遅刻をしたり、③責任感なく担当業務を投げ出したりしたら最悪だ。この三つは先ほどのアンケートにおける上司が嫌いな部下の例だ。

老子は、「何もしないことをする」と言う。「何もしないことをする」とは矛盾に満ちているが、何もしないことが、実は全てを為していることなのだという深い意味がある。
勝海舟の「寝ころんで待つ」というのも無為を為すようなものだ。老子のこの言葉の意味を考えながら時間を過ごしていれば、気の合わない上司についての悩みも忘れてしまえるのではないだろうか。

まとめ

- **気の合わない上司を好きになる努力をしてみよう。**
- **何もしないことが、実は全てを為しているのだ。上司との人間関係に悩む時は、無為を為すという老子の言葉の意味を考えてみよう。**

失意の積み重ねを脱却する

企《つまだ》つ者《もの》は立《た》たず
老子『老子』

老子が生き方について面白いことを言っている。「企つ者は立たず」。つま先で背伸びをして立つ者は、長く立てないという意味だ。老子は、それに続けて「大股で歩く者は、かえって遠くまで行けない」「自分の才能を見せびらかそうとする者は、かえってその才能が認められない」など矛盾した例を挙げていく。

確かにつま先で立っていると、不安定でひっくり返りそうになる。それより足裏を地面にしっかりとつけている方が安定する。大股で歩くと、疲れてしまう。才能を見せびらかすと、嫉妬されて足を引っ張られる。

サラリーマン人生も同じだ。つま先立ちで遠くばかりを見て、出世や成果ばかり気にしたり、急いで出世街道を大股で歩こうとしたり、才能溢れるところを見せびらかすと、早晩、ひっくり返ったり、前のめりに転んでしまう。

ハードな仕事に忙殺され、無理に無理を重ねて、体力的にも精神的にも負担を感じるようになったら、立ち止まり、「今、俺、つま先立ちになっていないかな」と反省するといい。

「曲なれば則ち全し」

さらに老子は含蓄のあることを言う。「曲なれば則ち全《まった》し」。これは曲がりくねった木のように役立たずでいたら切られないで済むから人生を全うできるということだ。

これをサラリーマン人生に置き換えてみよう。決して役立たずの無能社員でいるのがいいと言っているわけではない。そんな社員なら即刻、リストラされてしまうから、人生を全うできない。

老子の言う「曲」とは、まっすぐ筋を通すばかりでなく状況を見て耐えるところは耐え、枝を伸ばす時、根を張る時などをじっくり考えてしたたかに生きろということだろう。才能を見せびらかしたり、俺が俺がと出しゃばったりしていると「出る杭」と見なされて打たれてしまう。これではなんにもならないというわけだ。

耐えている間が、一番の伸び時

例えば、ある組織改革案や新製品開発案を上司に提出したとしよう。たいていの場合、「時期尚早」と結論づけられ押し返される。そのような時はどうするか。

なんて頭が固いんだと、怒って上司と喧嘩したり、「ベンチがアホやから」と怒って野球を止めてしまった投手のように、会社を飛び出してしまいたくなるだろう。しかし、ここではぐっと我慢し、提案を取り下げ、もう一度内容を吟味し、提案のタイミングを計り直すのがベストの選択だ。内容を見直せば、思わぬ欠陥が見つかるかもしれない。そこで忍耐すれば、その様子を上司はじっと見ているだろう。一度や二度の却下で諦めてしまうような提案は本物ではないと上司は考えている。いつ、もう一度提案してくるのか待っているのだ。

あなたは耐えている間にしっかりと根を張ればいい。すなわち社内の賛同者を募ったり、さらに提案内容を深めたりするのだ。そして再び、上司に提案する。すると上司は「よく頑張って、ここまで内容を深化させたね」と褒めてくれるに違いない。

サラリーマン人生は、失敗と失意の積み重ねだ。同期が早く出世するのを羨ましそうに眺めなければならない。提案を出してもどうして自分のだけが却下されるのかと恨みごとの一つも言いたくなる。しかし、そこで耐えながら、じっくりと根を張り、最終的に見事な花を咲かせればいいではないか。

まとめ

・つま先で立つように先ばかり気にしていると、不安定で倒れてしまう。

「現代サラリーマンの心の持ち様」

学《まな》んで時《とき》に之《これ》を習《なら》ふ

孔子『論語』

「子曰はく、学んで時に之を習ふ。亦説《またよろこ》ばしからずや。朋《とも》あり遠方より来る、亦楽しからずや。人知らず、而《しか》して慍《いか》らず、亦君子ならずや」

これは孔子の学問に対する姿勢を表した言葉だ。

聖人たちのことを学び、それを反復復習し、道を究めようと努力すれば、徐々に真理が明らかになってくる。それはとても喜ばしいことだ。また、自分と同じように学問を志す友達がやってきて、多くの人たちと一緒に学問ができるのも、非常に楽しいことだろう。他の人に評価されなくても、学問をしていることなど知られていなくても、自分の人格が陶冶されればいいのだから不平不満はない。それが君子、理想の人間というものだ。意味は、こんなところだろう。

これは最近、ますます厳しい環境に置かれるサラリーマンの生き方そのものだ。この生き方をしていればストレスも無く、鬱にもならないで済むかもしれない。

先達がいなくなる前に

この言葉の中で、「学んで時に之を習ふ。亦説ばしからずや」について考えてみよう。

これは企業で言えば、先輩社員、幹部社員の言うことをよく聞いて働けということではないだろうか。

極端な話だが、「いやぁ、ごもっとも、ごもっとも」と揉み手、擦り手でも構わない。とにかく先輩や幹部の言うことをメモに取って、習い覚え、反芻して、仕事に生かす。これによって人間関係は円滑化し、仕事や技術の伝承も可能になるだろう。

製造現場では先輩技術者から技術を謙虚に教えてもらうのがよいだろう。今まで生意気言っていて人間関係を悪くしていたことを反省し、まず習うより慣れろの精神で、技術を盗む気持ちで仕事にのぞむのである。

冗談で言っているのではない。リストラや早期退職が進み、会社内では教える先輩が少なくなっている。教えてもらえるだけでも喜ばしい、感謝するという気持ちが大事だ。

企業では、技術の伝承が絶たれてしまったところが多い。リストラされた技術者が韓国、中国などに流れているのも現実だ。このままでは日本の技術優位の基盤が崩れてしまう。生き残ったサラリーマンは、今こそ先輩に対して「学んで時に之を習ふ。亦説ばしからずや」の姿勢で働いてみよう。

三菱グループの三綱領

孔子は、「学ぶ」ということを非常に重視した。「温故知新」という言葉は最も有名な一つだ。故《ふる》きを温《たず》ねて新しきを知る。孔子は、これに続けて「以て師と為るべし」と言う。「温故知新」の姿勢を持っていることが人の師、すなわちリーダーになる資格があるということだろう。

企業で言えば、先輩や幹部の仕事振りを充分に学び、自分のものとしてこそ、次世代のリーダーになれるということになるだろうか。さらに大きな視点で見れば、家訓や社訓を時代に即して見直し、経営に生かすという意味にもなるだろう。

三菱グループには「三綱領」という社訓が脈々と生きている。「所期奉公、処事光明、立業貿易」という三つだ。「期するところは社会への貢献、フェアープレイに徹する、グローバルな視野で」という意味である。この言葉の解釈は、時代によって変化する。現在に即して考えるのであれば、「広く社会に貢献し、経営の透明性を堅持し、最高の品質の製品、サービスを提供する」ということだろうか。この「三綱領」を絶えず「温故知新」しているから三菱グループは、どの会社も持続的経営が続けられているのだ。

まとめ

- **先輩や幹部の仕事のやり方を真似て、吸収し、自分のものにしよう。**
- **家訓や社訓は絶えず時代に合わせて見直しをし、経営に生かそう。**

「ネットワーク作りの心得」

朋《とも》あり遠方《えんぽう》より来《きた》る、亦楽《またたの》しからずや

孔子『論語』

「朋あり遠方より来る、亦楽しからずや」

これをサラリーマン生活に当てはめれば、ネットワーク作り、すなわち人脈作りだ。朋とは同じ会社の同僚であり、同じ趣味を持つ仲間であり、同じ目的のために努力する同志であると考えよう。

忙しくなると、とかく会社の人間関係だけに忙殺されてしまう。しかし、今の社会、もっと大きなネットワークの中で物事を考えないと、いいものを作れない。仕事はもちろんだが、転職のことを考えてもネットワークが有効だ。

「一日、一人、新しい人に会う」。私もこんな目標を立てて、頑張った時代があった。ネットワークを作るためには、自分の仕事をおろそかにできないので、仕事の効率を上げる効果も期待できる。仕事がきっちりとしているからこそ、他の人もあなたとネットワークを結びたいと考えるのだ。仕事ができない、いいかげんな人間を自分のネットワークに加えたいなんて誰も思わないだろう。自分の仕事をきっちりとこなし、人間としての強みを持ってこそネットワークができる。

「貯人」の勧め

私が尊敬する経営者に池田成彬がいる。彼のことは『我、弁明せず』という小説に書いたが、明治、大正、昭和という激動の時代に、三井財閥を率いて生き抜いた人物だ。

彼はほとんど金で財産を残さなかった。ある財界人がそれを見かねて金儲けの話を持ってきた。その時、彼は「自分は持てる金を人脈づくりに使っている。言わば『貯人』だ。その蓄えで充分だ」と答える。

私は、この「貯人」という言葉が大好きだ。これこそサラリーマンや経営者など企業で働く人が心掛けねばならないことだろう。

金を貯めるより、人を貯めろということだ。これがいろいろな局面で大いに役立つことになる。

本当の友とは？

ではどのような人物を「朋」と言うのだろうか。

孔子は、「巧言令色足恭《すうきょう》は、左丘明之を恥づ。丘も亦之を恥づ」と言い、また「怨みを匿《かく》して其の人を友とするは、左丘明之を恥づ。丘も亦之を恥づ」と言った。

その意味するところは、「言葉巧みで外見ばかり飾り、極端にうやうやしくするようなことを、古の賢人左丘明は恥じたが、私も同じだ。また心にその人への恨みを抱きながら友達のように振る舞うことを古の賢人左丘明が恥じたが、私も同じだ」ということになるだろう。古の賢人まで持ち出して言及しているところを見ると、こういう人物を孔子は相当嫌いなのだろう。

うわべだけで真実の無い行動をするべきではないし、そういう人間は友にするべきではないということなのだ。しかし、おうおうにして私たちは、相手のうわべに騙されて、友として付き合い、酷い目に遭うことが多い。自分のネットワークに、そうした人間を加えないように気をつけたいものだ。

まとめ

・企業のサラリーマンや経営者は「貯人」を心がけよう。
・その際は、うわべだけの真実の無いような人や恨みを抱いているような人は避けねばならない。

他人の評価に一喜一憂しない

人知《ひとし》らず、而《しかう》して慍《いか》らず、亦君子《またくんし》ならずや

孔子『論語』

「人知らず、而して慍らず、亦君子ならずや」

これは他人の評価に一喜一憂するなということだ。これこそ厳しい時代に生きるサラリーマンのための心がけと言えるだろう。

一喜一憂して、いいことなどちっともない。あいつより出世できない。あいつより評価が低い。そんなことにくよくよするから余計にダメになる。

スポーツが感動的な理由

とはいえ、外に目を向けてみると、巷には他人と競い合っている人が溢れている。例えば、スポーツ。スポーツ選手は他人といつも競い合って、他人の評価をいつも気にしている。しかし私たちは彼らの姿を美しいと感じてしまう。なぜ彼らは美しいのだろうか。なぜ彼らのパフォーマンスを見て私たちは感動すらしてしまうのか。それは、彼らが他人と競い、他人の評価を気にしながらも、それ以上に自分自身と競っているからだ。彼らが最も戦っているのは、他人ではなく自分自身なのである。自分との戦いに勝つために努力するから美しく、感動的なのだ。

いくら好景気になってもリストラはこの先も続くだろう。経営者は、無慈悲に人減らしを続ける。一人当たりの仕事の負荷が高まることは間違いない。嫌なこと、悩ましいことだが、これが現実だ。

その現実を受け入れつつも評価されない、出世できないとグズグズ言わないことだ。身体を悪くするだけでなんのメリットもない。自分と向き合い、自己を高めるよう注力しよう。

評価されなかった孔子

私の勤務していた銀行では入行満七年で最初の管理職への登用があった。これを第一次選抜と言い、言わばエリートへの切符だった。関門は狭い。同期入行者の二、三割しか選ばれないと言われていた。

私は、その頃、支店にいたが、どうしてもこれに選ばれたいと思っていた。しかし同期の中には留学したり、本部に行ったりとエリートポストに就いている者が、何人もいた。それを考えると、支店で地を這うような営業をしている私が選ばれる余地は少ないと思われた。私は悶々としていた。選ばれなかったら辞めてやると思うこともあった。そんな私に対して、上司は「お前は絶対に選ばれる。もし選ばれなかったら、私は自分の不明を恥じ、銀行を辞めてもよい」と声をかけてくれた。私は、その上司の言葉がとても嬉しかった。

登用されるかどうかは時の運。他人の評価に一喜一憂することは止めよう。自分の責任をきちんと果たそう。そう思うようにしたら、心がすっと軽くなった。

本書にも多々登場する孔子も、実を言うとなかなか他人に評価されなかった人物の一人である。悶々とした日々を送ることも少なくなかったことだろう。しかし「人の己を知らざるを患へず」と思っていた。他人が認めてくれないことでくよくよするなということだ。

孔子は、これに続けて「人を知らざるを患ふ」と言っている。お前自身が、人を知る、すなわち人の人たる道、如何に生きるかをまだ知らないことを憂慮するべきだと言うのだ。他人の評価より、道を究める修行、自分の為すべきことをしなさいということだろうか。

私たちは他人の評価を気にし過ぎて疲れてしまうことが多い。自分の人生を迷わず歩いていこうではないか。

まとめ

・他人の評価に一喜一憂することはない。そんなことより自分の仕事を極める努力を続けるべきだ。

「やる気が起きない停滞期をどう過ごす？」

天下《てんか》を取《と》るは、常《つね》に無事《むじ》を以《もっ》てす

老子『老子』

老子は「天下を取るは、常に無事を以てす」と言う。

天下を取るには、とにかく何もしないことだ、あるがままに任せることだ、という意味になる。これに続けて、何か特別なことをしたら天下を取れないとまで老子は言い切る。

何もしないで天下が取れるわけがないじゃないか。そう憤慨する人もいるだろう。

無為を説いた老子は、欲望に身を任せてこざかしく動く人間たちが結局戦いに負けたり、裏切られたりして滅んでいくのを数多く見てきたのだ。それならいっそ無為を決め込んでいる方が結果として上手く行くと知っていたからこそ、こういう言葉が出てきたのだろう。

天下を取るなどと大きなことを考えなくても、私たちは日常的に、とかく知恵を巡らせ、小さな利益を得ようと何かと動きまわり、何かと手をつけたがる。

しかし、それがかえってストレスになり、やる気が無くなり、停滞期に入ったりする原因になってしまう。

こんな時は、一旦、全てを忘れて、ぐっすり眠れば、翌朝はやる気が回復しているだろう。また思い切って仕事の現場から離れ、心身とも休ませる。まさに老子の言う無為の時間を過ごすのだ。そうすると再び勢いを取り戻すことができる。これが無為の効用であり、無為で天下を取ることに通じるのだろう。

不死身の魚

中国の古典に「泥魚」というものが出てくる。この魚は川の水が豊富な時は活発に泳ぐが、乾期になり川の水が干上がると、泥の中でじっとしている。水が無くなったからといって他の魚のように、水を求めて、慌てて動きまわらない。だから不死身なのだ。「休む」ということが如何に大事かということを教えてくれる魚だ。

また、孔子は、「食飽くことを求むるなく、居安きを求むるなく」と言う。

道を求めようとする人は、美味しいものを食べたいとか、いい家に住んでゆっくりしたいとか、そんな欲望ばかり求めてはダメだという意味だ。

私たちがストレスまみれになって疲れ果ててしまうのは、美食や住居や高額の報酬などの物質的欲望を勝ち得ようと焦るからである。

自分より他人が多くの報酬を得たら、羨む。他人の食べているものは、やたらと美味しく見える。他人と比較することで、欲望は際限なく拡大し、私たちを苦しめる。

孔子は、そんなものにうつつを抜かしてはならないと言う。

焦りは道を外す

また孔子は、「勇を好んで貧を疾《にく》めば乱す」とも言う。

これは、むやみやたらと勇ましく、血気盛んで、自分の貧しさを憎む者は、道理を外れた行いをしてしまうという意味だ。これを仕事に置き換えてみると、出世したいとか、成果を上げたいとか、自分の立場をなんとかしたいとか、焦りまくって、血気にはやり、いろいろ騒いでいると結局、道を外してしまうということだろう。ちょっと牽強付会なところもあるが、「休む」効用を説いていると言えなくもない。

あなたもやる気が起きないなどの停滞期に入ったら、思い切って「休め」ばいい。休んだからといって、会社はあなたを捨ててはおかない。しっかりと休みを取って、休み明けに力をみなぎらせることができれば、新たなチャンスを得やすくなるかもしれない。

まとめ

・ストレスが溜まり、どうしてもやる気が起きなければ、「無為」に過ごすことだ。

第5章

心を奮い立たせる古典の言葉

ピンチからいかに早く脱出するか?

現状を憂える人へ

徳孤《とくこ》ならず、必《かなら》ず鄰有《りんあ》り
孔子『論語』

孤独を感じどうしようもない時。現状を嘆き、苦しむ時。そういう絶望に陥った人に孔子は「徳孤ならず、必ず鄰有り」と勇気を与えてくれる。

徳があれば、孤立はしない。必ず仲間が集まってくれるという意味だ。

徳とはどういうものか。それは人として恥ずかしい生き方をしていないということだろう。真面目に生きて、自分の務めを果たしていれば、苦境に陥ったとしても孤独にはならない。必ず誰かが寄り添ってくれる。

私は、誤解を受けたり、いろいろな問題に悩まされたりした時、この言葉を思い出す。そうすると焦らないで済む。必ず理解者が現れてくれると信じているからだ。

人から嫌われることは日常茶飯事

孔子は、君主への仕え方と友達との交わり方についてアドバイスをしている。それが「君に事《つか》へて数《しばしば》すれば斯《こ》れ辱めらる。朋友に数すれば斯れ疏《うと》んぜらる」という言葉だ。意味は、君主に対してしばしば諫言すれば嫌われ、遠ざけられるし、友達にしばしば注意をしたら仲間外れに遭うということだ。だから諫言したり、注意をしたりしてはならないというのではない。そういう結果になることが分かっていても諫言し、注意をすることが本当の臣下であり、友達だというのだ。

上司から嫌われたり、友達から仲間外れにされることは、日常よく経験することだ。そんな時、「ああ、上司を諫めなかったらよかった」「友達を注意しなければよかった」としきりに後悔する。しかし、そんな後悔は止めよう。自分が正しいと思って行ったことなら、必ず理解者が現れるだろう。それまでじっと待てばよい。

自分で反省するだけでいい

孔子は、本当に世に受け入れられなかった人のようで、とにかく他人の評価なんか気にするなと繰り返し言っている。

彼は「君子は能くすること無きを病《うれ》ふ。人の己を知らざるを病へず」という言葉を残しているが、この言葉の意味も「君子は自分が学問を充分にできないことを憂慮するが、他人が自分の能力を認めないことは憂慮しない」ということだ。

自分がまだまだ至らないと反省するが、他人がどう思おうと、そんなこと知ったこっちゃないということだ。

現状を憂えているのはなぜか。不安になったり、心配になったりするのはなぜか。気持ちがふさぎ、くしゃくしゃするのはなぜか。

それは他人からの評価ばかり気にしているからではないだろうか。一度、そんなものをふっ切ってみよう。新しい世界が見えてくるはずだ。

まとめ

・なぜそんなに憂えているのか。それは自分への評価という外的な要因をものすごく重視しているからだ。そんなものは一度、ふっ切ってみようではないか。

過った場合の対処

君子《くんし》の過《あやま》ちや、日月《じつげつ》の食《しょく》の如《ごと》し
孔子『論語』

人間は誰でも間違いを犯す。その時の対処方法は如何にあるべきか。

孔子の弟子の子貢は次のように言う。

「君子の過ちや、日月の食の如し。過つや人皆之を見る。更《あらた》むるや人皆之を仰ぐ」

その意味は、「君子の過ちは、日蝕や月蝕のようである。過ちを犯したとしてもそれを隠したり、言い訳したりしない。過ちを人が見ているから、月や日の満ち欠けのように、やがてはまた元に戻る。だから、人々は尊敬する。そして過ちを改めると、また元のように尊敬し、仰ぎ見るようになる」ということだ。

「君子の過ちや、日月の食の如し」。実にいい言葉ではないか。過ちを犯して評価を落としたとしても、それはあたかも日蝕、月蝕で日月が欠けるようなもので、その過ちをすぐに改めるから、また元の輝きを放ち、人々が仰ぎ見るようになると言うのだ。

過ちを犯した後の対処の仕方に、その後の全てがかかっているということだ。

なかなか過ちだと認めず、他人を攻撃し、責任を転嫁している間は、絶対に欠けた日月（評価）は元に戻らない。

政治家や経済人も過ちをすぐには認めない。もし認めると、損害賠償責任や刑事罰が待っているからだ。だから記者会見をしても言を左右にし、なんだか奥歯に物が挟まった感じで、印象が悪くなる。それで評価を下げてしまう。評価を下げてしまうくらいなら、さっさと過ちを認めて潔くした方がいいと思うが、なかなかそうは行かない。

現在の政治家も経済人も君子ではなく、小人だということなのだろう。

過ち後の対処法

孔子の弟子、子夏が言った言葉がふるっている。それは次のような言葉だ。

「小人の過つや、必らず文《かざ》る」

その意味は、小人は過ちを犯すと、必ずごまかそうとするということだ。

言い訳し、取り繕い、必死でアリバイ作りをし、なんとかごまかし、逃げようと必死になる。

ある政治家は、不正な金を受け取っておきながら、妻の口座に入れ、妻が管理していたと言い逃れした。その妻が亡くなっていたことを考えると、まるで「死人に口なし」の諺通りで、とても常識では考えられない答えだった。結果として、長い間積み上げてきた彼の信用が一気に瓦解した。もう二度と復活することはないだろう。そうであればすっきりと過ちを認めて、再起にかける方がいいと思うのだが、本人には難しいことなのかもしれない。

いずれにしても過ちは誰にでもあるが、その後の対処でその人の評価が決まるのは間違いない。

私も銀行員時代、数多くの間違いを犯した。すぐに謝ったこともあれば、ぐずぐずとしたこともあった。今から考えれば、総じてすぐに謝った時の方が、その後の事態が大きくならず、スムーズに解決したように思う。

孔子の考える本当の過ち

孔子は、過ちは誰にでもあるが、その過ちを素直に改めないことが本当の過ちだと言う。

過ちはいろいろある。経営者が正しいと思って判断しても、結果として間違っていることがある。

孔子は、過ちに対する対処こそ君子の道であると言う。

「過つては則ち改むるに憚ることなかれ」とは、「過ちを認めて改革することになんの躊躇することがあるか」という意味だが、この言葉通りにしていれば、どれだけ多くの企業が助かったことだろうか。一番問題なのは、過ちに気づいた後の行動をどうするか、ということである。隠蔽したり、嘘をついてごまかしたりしてはいけない。覚悟を決めて、過ちを認め、謝罪し、改善する。これが大事だと教えている。

例えば山一證券は、不良資産を飛ばしという方法で隠蔽していた結果、自主廃業という形で破綻した。もし経営者がもっと早い段階で飛ばし資産を公表し、責任を持って処理していたら、破綻することは無かっただろう。

企業も個人も、過ちを犯す。その時は、過ちを認め、すぐに改めねばならない。覚悟がいることだが、そうしなければもっと事態は悪化することになる。

まとめ

・過ちは誰でも犯す。それを素直に認めるから評判の回復も早い。
・間違ったからといって、言い訳したり、言葉を飾ったりすると評価が落ちるだけだ。

左遷されたらどう生きるか

君子《くんし》固《もと》より窮《きゅう》す。小人《しょうじん》窮《きゅう》すれば斯《ここ》に濫《らん》す

孔子『論語』

一生懸命仕事を頑張っているのに、全く報われないと思っている人は非常に多い。左遷のように、目に見える形でダメージが生じることも多々ある。そういう時は孔子の言葉を嚙みしめてみるのはどうだろうか。

孔子は、「君子固より窮す。小人窮すれば斯に濫す」と言う。

その昔、孔子とその弟子たちは荒野を放浪していた。食料は尽き、七日間も何も食べることができなかった。そこで弟子の子路が、「君子でも困窮することがありますか」と聞いた。すると、孔子は毅然として「君子だって困窮する時がありますよ。でも小人と違います。小人は困窮すれば、水が溢れ出すようにとめどなく悪いことをするものですが、君子はそんなことはない。乱れるということはありません」と答えたという。

とにかくじたばたしないことだ。

左遷の神様・孔子

前の章でも、孔子が世に受け入れられなかったことを紹介したが、それは無能だったからではない。節を折らないからだ。諸国の支配者におべっかを使ったり、媚びへつらえばいくらでも贅沢な暮らしはできただろう。しかしそんなことに価値は見出さず、ひたすら人としての正しい道を求め続けたから、支配者たちに登用されなかっただけだ。

そう考えると孔子こそ、左遷の神様だ。左遷なんか、何するものぞという心持ちで生きていたからこそ、今日まで尊敬されているのだ。

「君子固より窮す」と毅然と言い放った時の孔子の姿を想像してみよう。弟子たちは飢えで苦しそうだ。その弟子たちが恨みがましく孔子を見つめていただろう、なんとかしてくださいよと。それで思い余って、怒りに任せて子路が、君子だって困窮するんですかと聞いたのである。子路は、おそらく詰め寄ったのだろう。すると、孔子は莞爾《かんじ》として笑い「そりゃ困窮するさ」と答えたのだろう。

この姿は、是非とも見習いたい。じたばたうろたえないところに凄味がある。あなたが左遷された時、ライバルの一人が、「あなたもこれで終わりですね。まあせいぜい頑張ってください」と言ったとしよう。その時、あなたが「なに、この野郎!」と食ってかかったら評価を下げるだけだ。莞爾として笑い「ありがとうございます。いいところのようですからご期待に沿うように頑張ってきます」と答えたら、ライバルはあなたを見直すことだろう。

なかなかこのように振る舞えないのが、小人である我々の悲しいところだ。左遷された夜は、新橋の安い飲み屋でゲロを吐くまで飲んで、くだを巻いて……。それでも構わないが、翌朝は、すっきりと出勤しようではないか。

事が起きた時に分かる人の真価

じたばたしないという意味では、孔子は「歳寒《とし》うして然る後松柏の彫《しぼ》むに後《おく》るるを知る」とも言う。意味は、「寒くなり他の草木が葉を落とす時になって初めて、常緑樹の松などがいつまでも青々と葉を茂らせているのが分かる」ということだ。平時は、君子も小人も区別がつかず、分からないが、何か事が起これば、初めて君子の節操やそのすごさが分かるのである。

まとめ

・左遷されたら、じたばたしないことだ。

老子に学ぶストレスコントロール術

天《てん》は長《なが》く地《ち》は久《ひさ》し
老子『老子』

老子のモットーは、無為自然。ストレスコントロールが最も上手い人なのではないだろうか。ストレス社会に生きる私たちにどうしたらストレス爆発を防ぐことができるか、実際に老子が生きていると仮定して対話形式で紹介したい。

人はちっぽけなもの

「今回は、老子さんにストレスを溜めない方法をご教授願いたいんです」

「私の生きている時代は、今から二五〇〇年も前だが、戦争、裏切り、飢えなど酷い時代だ。

今、あんたが生きている時代の方がなんぼかましだと思うぞ」

「そんなに厳しい時代なのに、なぜそんな平和な顔で生きていられたんでしょうか？」

「無為自然ということだ。天は長く地は久し。天地の能く長く且《か》つ久しき所以の者は、其の自ら生ぜざるを以て、故に能く長生す。是を以て聖人は、其の身を後にして而《しか》も身は先んじ、其の身を外にして而も身は存す。其の無私なるを以てに非ずや、故に能く其の私を成す」

「天地、自然が永久に存在し続けられるのは、天も地も自分で生き続けようとしないからだ。だから人も、お先にどうぞという気持ちでいたり、自分は遠慮しますという態度を取っている方が、結果として人の先に行き、中心にいるということになる。無私であれば、かえって自分を貫くことができる。こういう意味ですね。俺が、俺がと、人を押しのけるような生き方はダメってことですね」

「その通り。人なんてものはちっぽけなものだと心の片隅に留め置ければ、ストレスを溜めることはない」

問題は小さな時が勝負時

「なるほど。では、無為自然とはどういうことでしょうか？」と老子に訊いた。

どちらかと言うとワーカホリックな私にとって「何もしないこと」というのは逆にストレ

スなのだが…。

「無為を為し、無事を事とし、無味を味わう。小を大とし少を多とし……」

「……。うーん、もう少し分かりやすくなりませんか」

「何もしないことが全てを為していることで、何事もないことが全てが備わっていることで、なんの味もしないものを味わうことが全てを味わうことで、小さいものを大きいものとして扱い、少ないものを多いものとして扱うような慎重さが重要なのだ。例えば小さなトラブル、少ない損失、そんなものを慎重に、重大事として扱うことだ。そうすると、自然と無理なく大きなトラブルや大きな損失になる前に防ぐことができるだろう」

「なるほど、なんとなく分かりました」と私が答えるとさらに老子は続けた。

「怨みに報ゆるに徳を以てす。難きを其の易きに図り、大を其の細（小）に為す。天下の難事は必ず易きより作《お》こり、天下の大事は必ず細より作こる。是を以て聖人は、終に大を為さず、故に能く其の大を成す。夫れ軽諾は必ず信寡なく、多易は必ず難多し。是を以て聖人すら猶おこれを難しとす、故に終に難きこと無し」

「怨み事には徳で返す。目には目を、歯には歯をじゃ争いが絶えない。難しい問題は、それが易しい時に解決を図るようにし、大きな問題は、それが小さい時に処理する。天下の大乱は、必ず小さいことが原因で起こるものだ。だから聖人と言われる人は、大きなことはしない。みんな小さいうちに処理してしまうからだ。だからこそ大きなことを成し遂げられるのだと言えるだろう。そもそも軽々しく問題を引き受けるから信義が貫けない。安請け合いばかりしているから、あるいは安易に処理しようとするから問題が難しくなる。こうなると聖人でさえ処理するのが難しいと考えて慎重に事にあたるから、遂には無為でいると難しいことは無くなってしまうのだ。こんなことですか」

「そういうことだ」と言い、老子は微笑んだ。問題は小さな時、なんでもない時に発見して、処理する。企業不祥事は、その典型だ。大きくなってからでは解決は難しい。

「仕事でストレスを溜めないためには、仕事に重要度、優先順位を決めて対処する。問題は小さいうちに見つけて、処理する。後日問題が起きそうな安請け合いや安易な処理をしない。こういう慎重な姿勢で仕事をやればストレスは溜まりませんね」

「とにかく仕事というものは、多くの人の協力を得ながら、こなすようにすることだ。それを一人で抱え込んでやたらと難しく、難しくしているのが、現代のあなた方じゃよ。難しくしている方が仕事をしているように見えるからな」

「よく分かりました」

まとめ

・大きな問題は小さなうちに処理するなど、難なく処理できるうちに対処することだ。

出会いこそ人生のチャンス

天下《てんか》の至柔《しじゅう》は、天下《てんか》の至堅《しけん》を馳騁《ちてい》す

老子『老子』

あなたは、自分のことをダメで、弱虫で、何もできなくて、役立たずだと思っていないか。仕事や友人関係で失敗し、自分の殻に閉じこもっていないか。もし、そうなら老子は次のように言う。

「人の生まるるや柔弱」。人は生まれた時は弱々しくて柔らかいということだ。それに続けて「其の死するや堅強なり」と言い、柔らかくて弱いものは生の仲間であり、堅く強張っているものは死の仲間だと言う。

弱い人間こそ、生の仲間であり、本来の自分であり、命が生き生きとしているわけだ。そういう目で見ると、周りにいる強い人たちは、堅くて、強張っていて、いつも強がり、自慢し、見栄を張り、驕り……。彼らは、死の仲間であり、今にも死んでしまいそうな人ばかりだ。

あなたは自分が弱いからダメだなどと悲しむことは無い。むしろ弱いことに自信を持つべきなのだ。

また老子は、「天下の至柔は、天下の至堅を馳騁す」とも言っている。最も柔らかくて弱いものが、最も堅くて逞しいものを思い通り走らせる。つまり、弱い者ほど強いという意味だ。老子は、例として、水は弱そうに見えるけれども大きな岩石を流すことができるし、形が定まっていないからどこにでも入っていけると言う。

この言葉を出会いの観点から見てみよう。

弱い水は、強い岩石と出会い、それを動かすことで、自らの強さが分かる。また迷路や隙間の無い建物と出会い、それらに浸透していくことで、自らの柔軟性、応用力などが引き出される。単体だと気がつかないが、何かと出会うことで潜在的な可能性が引き出されるのだ。

水が岩石に出会うことで水の強さを知るように、あなたにふさわしい出会いがあれば自らの力を自覚し、大きな仕事ができる。人と出会うことで自らの可能性が引き出される。

出会いこそ人生のチャンス

ニュースキャスターの安藤優子さんは、女性ニュースキャスターの草分け的存在だ。彼女は、一九歳の大学生の頃、パルコのエレベーターガールをしていた。

ある日、エレベーター内である男から「テレビに出ないか」と声をかけられた。当然、気持ち悪くて無視をしていた。彼は、それから何度も声をかけてくる。いったい何者？

ところがその男は何度目かに「ニューヨークに行けるよ」と言った。安藤さんは「えっ」と振り向いてしまった。

彼は、テレビ朝日のプロデューサーだった。新鮮なキャスター、あるいはレポーターを求めていた。そんな時、エレベーターに乗ったら、元気のよい、はきはきした声、外国人にも親切に英語で説明するエレベーターガールの安藤さんに出会ったというわけだ。その瞬間にニュースキャスター安藤優子が誕生したのだ。

どうして彼は安藤さんに声をかけたのだろうか？

「元気な声で働いていたから、背中から意欲が出ていたんじゃないかな」と安藤さんは言った。

幸運な出会いを得るには、自分から意欲を発していなければならない。

太公望の出会い

釣り好きの代名詞になっている太公望・呂尚《りょしょう》という人がいる。彼は、大変な零落ぶりで、毎日魚釣りばかりしていた。

周王室の文王が猟に出ようとして占ったところ、獲物は王を補佐する臣だという卦《け》が出た。文王が、猟に出かけると、渭水《いすい》の北岸で一人の釣り人に出会った。それが呂尚だった。文王と呂尚は大いに意気投合し、文王はあなたこそ周王室を隆盛に導く人で、先君大公が待ち望んでいた人だと言い、「太公望」と号を与えて、軍師に命じたという。

人の出会いは、このように偶然だ。しかしそこには出会うべくして出会う必然もある。それは文王が人材を求めていたこと、そして呂尚も零落してはいたが、国を憂え、改革する意欲を発して、それに対する準備をしていたことだ。

あなたを求めている人が必ずいるはずだ。

自分のことを弱く、ダメだと思い込まず、まずは出会いを求めてみよう。その出会いが必ずあなたの新たな可能性を引き出してくれるだろう。

まとめ

- **弱い人間ほど強いのだ。その強さは出会いによって引き出される。**

「人は必ずあなたのことを見ている」

君《きみ》に事《つか》ふるには、其《そ》の事《こと》を敬《けい》して其《そ》の食《しょく》を後《のち》にす

孔子『論語』

あなたは、上司から認められなくて悶々とすることはないだろうか。自分のことなんか誰も見ていないし、誰も認めてもくれない。そう思っていないだろうか。

孔子の次のような言葉がある。

「君に事ふるには、其の事を敬して其の食を後にす」

とにかく陰日向なく働き、給料のことは言うなということだ。

ここで「君」を自分の職務やお客様に置き換えて考えてみよう。給料や手数料や売り上げなど余計なことを考えずに、お客様のために、あるいは自分の職務のために真面目に働けば、人は必ずあなたのことを見ているという意味にも解することができる。

例えば、あなたが飲食店に勤務しているならば、お客様が入店してきたら、誰よりも早く「いらっしゃいませ」と明るく声をかけよう。注文を取る時も笑顔を忘れないようにしよう。仕事終わりの片付けも率先してやろう。帰りには、「お疲れさまでした」と元気に声をかけよう。

あなたが上司に評価されていない時、例えば左遷されてきた場合などは、なおさらだ。周囲は、あなたが腐っていると思っている。ところがそれに反してあなたは嬉々として働いている。周囲はあなたを見直すだろう。これは真実だ。真面目に働いているあなたのことを、誰も見ていないということなんてありえない。

今の上司があなたを評価していないとしよう。しかしあなたがそのことに腐らず、陰日向なく働いていたら、あなたを評価する声が絶対に上司の耳に届くはずだ。そしてその上司も周囲の声に押されて、あなたの評価を見直すだろう。

人材登用の心構え

孔子の弟子が、ある国の幹部に抜擢された。その時、弟子がどうしたら政治が上手く行くかと孔子に聞いたところ、

「有司を先きにし、小過を赦し、賢才を挙げよ」、つまり、「過去の小さな失敗を許して能力のある人物を登用しなさい」と言った。

弟子が「どうしたら能力のある人を見出して登用できますか」と聞くと、「曰はく、焉《いず》くんぞ賢才を知りてこれを挙げん。曰はく、爾《なんじ》の知る所を挙げよ。爾の知らざる所、人其れ諸《こ》れを舍《す》てんや」と答えた。

これは、「まずあなたが知っている能力のある人材を登用しなさい。そうすればあなたの知らない人材を人は放っておかないから」という意味である。

これは経営者が人材を登用する時の心構えだ。過去に失敗し、埋もれていたが、それでも能力があると認められた人材を登用すれば、それを見て、隠れていた社内の人材が次々推薦されてくるだろうということだ。

これを登用される従業員の側から見ると、社内で埋もれていても必ず日が当たる時が来るという意味に解釈できる。

あなたは過去に上司とぶち当たったり、出過ぎた真似をして評価を落としたのかもしれない。しかし、腐っていないで陰日向なく仕事に精励していれば、誰かが見ていてチャンスをくれるだろう。

まとめ

・上司に評価されない時こそ陰日向なく働くこと。そうすると必ず誰かが見ていて、チャンスを獲得することができる。

誰かに裏切られた時

已《や》みなん、已《や》みなん

荘子『荘子〈内篇〉』

あなたが誰かに裏切られた時、荘子の言葉を思い出そう。

「喜び怒り、哀しみ楽しみ、慮《おもんぱか》り嘆き、変《した》（恋）い慹《おそ》れ、姚《うきうき》し佚《きまま》にし、啓《ひら》き態《かたち》づくり、楽は虚より出で、蒸は菌《きん》を成す〔がごとく〕、日夜前に相い代わるも、而《しか》も其の萌《きざ》す所を知るなし。已みなん、已みなん、……」。

意味は、「喜んだり怒ったり、悲しんだり楽しんだり、さきゆきを案じたり過ぎたことを嘆いたり、慕いこがれたり恐れはばかったり、浮き浮きしたりだらけたり、あけすけにしたり取りつくろったり、笛の音が空っぽの竹管から生まれ、蒸せた湿気で菌ができてくるように、〔さまざまな人情の変化は〕昼となく夜となく目の前にかわるがわるにあらわれてくるが、それでいてそうした形がどうして起こってくるかは、分からない。くよくよすることを止めよう。……」ということだ。

特に「已みなん、已みなん」は「止めよう、止めよう」という意味で、「いろいろくよくよ考えるのは止めよう」ということだろう。これを悩んだ時の呪文にしたらどうだろうか。

私たちはなぜ悩むのか？

胸をかきむしり、苦しみ、頭を悩ませ、髪を振り乱し、いっそ死んでしまおうかなどと思わせる心は、いったいどこにあるのか。

よく考えてみると、どこからそんな苦しみや悩みが来ているのか分からない。分からないなら、そんな心など、そもそも存在していないのと同じではないか。目に見えて自分の身体が順調に動いているならそれでいいじゃないか。時々によってさまざまに変化する心の奴隷なんかになってはいけない。

荘子が言いたいことは、そういうことだろう。

確かに悩んだり怒ったりすると、その心に支配され、どうにもならなくなる。しかし、そんな心などそもそも存在していない、実在ではないと思えば、支配されること自体がおかし

いと気づくはずだ
心の重みに耐えかねている人は、心の実体とは何かを考えてみると、ふいに楽になるかもしれない。実体が無いことに気づいて、悩んでいた自分があほらしくなるのではないだろうか。

悲しみは一時のこと

老子は、自分の心を見つめることを勧める。もし裏切りに遭い、心が平静でいられなくなったら、いっそ死んでしまいたいほど悲しく苦しくなったら、静寂の中に身を置き、自分の心のあり方を見つめたらどうだろうか。

老子は、「虚を致すこと極まり」に続けて「静を守ること篤《あつ》し。万物は並び作《お》こるも、吾れは以て復《かえ》るを観《み》る」と言う。

この意味は、心を無欲にして、心を空っぽにして、深い静けさに身を置いていると、世の中の生きとし生けるもの、全てが盛んに成長し、また元に戻っていくのが見えるだろう、ということだ。

老子は、自然界のことや社会のことを言っているのだろうが、悩み、苦しむ心を抱いた時にも同じ考えになれば救われるだろう。

今、裏切られ、腹が立ち、悲しみに暮れていてもそれは一時のこと。やがて虚しくなり、元に戻り、何事も無かったように命が溢れ、循環する。そう考えれば、すっきりと晴れやかになり、前を向いて歩き出せるだろう。

まとめ

・心を虚にすれば、全てのものが、繁茂し、やがて元に戻り、また繁茂するという循環する姿が見えるだろう。腹だちや怒りも一時のものだ。やがて元に戻り、また命溢れる状態になる。

認められず悔しい時

用《もち》うべき所《ところ》なし。故《ゆえ》に能《よ》く是《か》くの若《ごと》くこれ寿《じゅ》なりと

荘子『荘子〈内篇〉』

あなたが会社で認められなくて、悔しい思いをしているならば、荘子の言葉を思い出してほしい。

荘子は、ある大工の棟梁がくぬぎの巨木になんの関心も持たずに通り過ぎたというエピソードを例に出し、この言葉を語った。

「……散木なり。以て舟を為《つく》れば則ち沈み、以て棺槨《かんかく》を為れば則ち速《すみや》かに腐り、以て器を為れば則ち速かに毀《こわ》れ、以て門戸を為れば則ち液樠《えきまん》し、以て柱を為れば則ち蠧《と》あり。是れ不材の木なり。用うべき所なし。故に能く是くの若くこれ寿なりと」

これは、「あれは役立たずの木だ。あれで舟を作ると沈むし、棺桶を作るとじきに腐るし、道具を作るとすぐに壊れるし、門や戸にすると樹脂が流れ出すし、柱にすると虫が湧く。全く使い道の無い木だよ。全く使いようが無いからこそ、あんな大木になるまで長生きができたのだ」という意味だ。

役立たないと思われるくらいがちょうどいい

認められなくても、焦ったり、いらいらしたりせずに自然体でいればいい。あまり役に立ち過ぎると、仕事を山ほど背負わされて過労死してしまうし、ひょっとしたら幹部の不正に巻き込まれてしまうかもしれない。

役に立たないと思われていてちょうどいい。これなら人に邪魔されず人生を全うできるし、ひょっとしたら大きな役に立つことがあるかもしれない。

老子も「曲なれば則ち全し」と同じような意味のことを言っている。曲がって役に立たない木だから、切られることがなく、命を全うできるということだ。

会社でもこれは実感するだろう。

例えば、銀行においてバブル時代に勇名を馳せた営業マンは、その後ことごとく討ち死にしてしまった。不良債権を大量に作ってしまったり、取引先と癒着して不正を働いたりする者も多かった。

彼らは、バブル時代の寵児だった。銀行も彼らを褒め、出世させた。その期待に応えるためにもっと実績を上げようと無理をしたため、躓《つまず》いてしまったのだ。

しかし、バブルが崩壊し、彼らが退場すると、その派手な時代には役立たずと言われていた地味で堅実な人が重用されるようになった。あまり今の時点の評価に一喜一憂するなということだ。自分の役割をきっちりと果たしていれば、やがて押しも押されもせぬ大木になっていることだろう。

自分に求めるか、他人に求めるか

孔子も次の言葉を残している。

「君子は諸れを己れに求む。小人は諸れを人に求む」。つまり、「君子は全てを自分の中に求めるが、小人はそれを他人に求める」という意味だ。

これを仕事に対する評価に置き換えると、本当に偉い人は、他人の評価等を気にせず、自分の仕事をきっちりとやり遂げようとするが、そうでない人は他人の評価ばかり気にする、ということになろうか。

他人の評価で一喜一憂することほど馬鹿げたことはない。

まとめ

・会社では役立たずと思われているくらいがちょうどいい。いずれ大きく役に立つ時があるだろう。

強い思いを抱けば希望は叶う

仁《じん》遠《とお》からんや。我《われ》仁《じん》を欲《ほっ》すれば斯《ここ》に仁《じん》至《いた》る。

孔子『論語』

本書も最後の項目となった。ここでは、読者に勇気を与える言葉を紹介しよう。孔子は、求めれば与えられると言う。望みは叶うということだ。

「仁遠からんや。我仁を欲すれば斯に仁至る」。これは「仁を求めるのは果てしなく遠いわけじゃない。求める気持ちさえあれば、それが仁だ」という意味だろう。

私たちは、いったい何を求めて生きているのだろうか。地位や名誉、出世、財産……。求めるものは確かに多い。しかし、それさえも本気で求めているのかと問われれば、分からないとしか答えようが無い。

例えば銀行で上司から不正融資をしろと命じられたとする。あなたはどうするだろうか。そんなものは即座に断ればいい。当たり前のことだ。しかし、それが断れないから多くの不祥事が起きる。なぜ断れないのか。それは求めるものが多いから、迷って決断ができないのだ。不正融資を頼んできたのが、頭取候補の有力役員だったとしたら、どうする？　あなたは自分の出世と引き換えに不正融資を認めてしまうかもしれない。またあなたが金に困っていたらそれで誘惑される可能性も否定できない。あなたは自分が何を求めているかこの時点で分からなくなり、迷った結果、間違った判断をして、墓穴を掘るのだ。

そんな時、どう考えればいいのだろうか。いったいなんのためにこの会社を選んだのかを考えるべきだ。この会社の社員として社会の誰かの役に立ちたいと思っている自分自身に気づくだろう。

会社に入ろうとした時の初心

私たちは、会社に入る時、金儲けをしてやろうとか、有名になってやろうと思っていない。何を思っているかと言えば「仁」だ。社会の一員として人々を慰め、慈しむために会社を選んだはずだ。

何も私たちは、難しく考えることなんかない。シンプルに考えて行動すればいい。そういう役立ちたいという「仁」の思いだけを抱いていればいい、そうすれば必ず希望は叶うと、孔子は力強くあなたを励ましてくれているのだ。

まとめ

- **いったい何を求めてあくせくしているのか考えてみよう。**
- **人の役に立ちたいと思って今の仕事を選んだのなら、余計なことを考えず、それだけを思い続けよう。**

参考文献

『論語』（金谷治訳注　岩波文庫）
『論語新釈』（宇野哲人　講談社学術文庫）
『老子』（金谷治編訳　講談社学術文庫）
『孫子』（金谷治訳注　岩波文庫）
『荘子　第一冊〔内篇〕』（金谷治訳注　岩波文庫）
『荘子　第二冊〔外篇〕』（金谷治訳注　岩波文庫）
『荘子　第三冊〔外篇・雑篇〕』（金谷治訳注　岩波文庫）
『荘子　第四冊〔雑篇〕』（金谷治訳注　岩波文庫）
『中野孝次の論語』（中野孝次　海竜社）
『【新装版】孫子の兵法』（守屋洋　産業能率大学出版部）
『思想史家が読む論語――「学び」の復権』（子安宣邦　岩波書店）
『史記（1〜8）』（司馬遷　徳間文庫）
『完訳　水滸伝（1〜10）』（吉川幸次郎・清水茂訳　岩波文庫）

この作品は、ダイヤモンド・オンラインの連載「逆境を吹っ飛ばす　江上 〝剛術〟――古典に学ぶ処世訓――」を改題し、加筆・修正したものです。

装丁　渡邊民人（TYPEFACE）
本文デザイン　森田祥子（TYPEFACE）

〈著者紹介〉
江上剛　1954年兵庫県生まれ。早稲田大学政治経済学部卒。旧第一勧業銀行時代に総会屋事件を収拾し、映画「金融腐蝕列島　呪縛」のモデルとなる。2002年に『非情銀行』で作家デビュー。著書に『合併人事』『奇跡のモノづくり』『渇水都市』『告発者』『狂信者』『人生に七味あり』『激情次長』『俺たちは現場に立つ』など。

最高知「古典」に学ぶ、成功の戦略
仕事と人生の武器になる48の発想術
2015年6月10日　第1刷発行

著　者　江上 剛
発行者　見城 徹

発行所　株式会社 幻冬舎
〒151-0051 東京都渋谷区千駄ヶ谷4-9-7

電話：03(5411)6211(編集)
　　　03(5411)6222(営業)
振替：00120-8-767643
印刷・製本所：図書印刷株式会社

検印廃止

ISBN978-4-344-02774-9 C0095
幻冬舎ホームページアドレス　http://www.gentosha.co.jp/

この本に関するご意見・ご感想をメールでお寄せいただく場合は、
comment@gentosha.co.jpまで。